ヨベル新書
061

焚き火を囲んで聴く神の物語・説教篇〈2〉

天からのはしご

創世記 下

一

YOBEL,Inc.

父　敏夫に

装丁・ロゴスデザイン：長尾 優

大頭眞一牧師に「贈る言葉」

登戸学寮長、北海道大学名誉教授　千葉　惠

大頭眞一牧師の全八巻におよぶ説教集が公刊されますこと心よりお祝い申し上げます。牧師が心を注ぎだしつつ日曜ごとに語られた福音とその聴衆などの方々の献身によります音声の文字化を通じての共同作業における感動の共有、これはわが国の現状のなかで大きな証と存じます。説教を拝聴したことがない身でおこがましいのですが、個人的な評ではなく「贈る言葉」をということでしたので、一般的な言葉で船出を祝したいと存じます。

説教はギリシャ・ローマ世界では説得をこととする「弁論術（Rhetoric）」に属します。政治家や弁論家は聴衆の「パトス（感情）」に訴えまた「ロゴス（理論）」により訴えそして、「人格」に訴えつつ、自らが最も正しいと理解することがらを市民に説得する、その技術が弁論術です。例えば、戦争に駆り出そうとするさいには、パトスに訴え「家々は焼かれ財産は略

奪され、婦女子は……」という仕方で恐怖などを呼び起こして参戦を促しました。
　大頭牧師は説教によりイエス・キリストを宣教しておられます。キリストが罪を赦す権威をもった方であり、人類に救いをもたらす方であることを聴衆に語り掛け、説得します。福音の宣教は通常の弁論術とは異なります。例えばペリクレスの場合は彼の「人格」の故に、民衆はペリクレスが言うのだからという彼の人格への信頼のもとに彼の政策を受け入れました。しかし、福音の宣教においては、ただイエス・キリストの「人格」が屹立しています。彼においてこそ、他の人類の歴史においては一度も実現できなかった正義と憐れみの両立が出来事となりました。この救い主を高らかに宣教すること、ただそれだけで、キリストの弟子でありうることただそれだけで、大頭牧師は無上の光栄ある務めであり、希望であり喜びであると日曜ごとに立ち返っておられたことでありましょう。キリストを語ること、それだけで人類が持ちうる最大の説得が遂行されていることでありましょう。

２０１９年10月10日

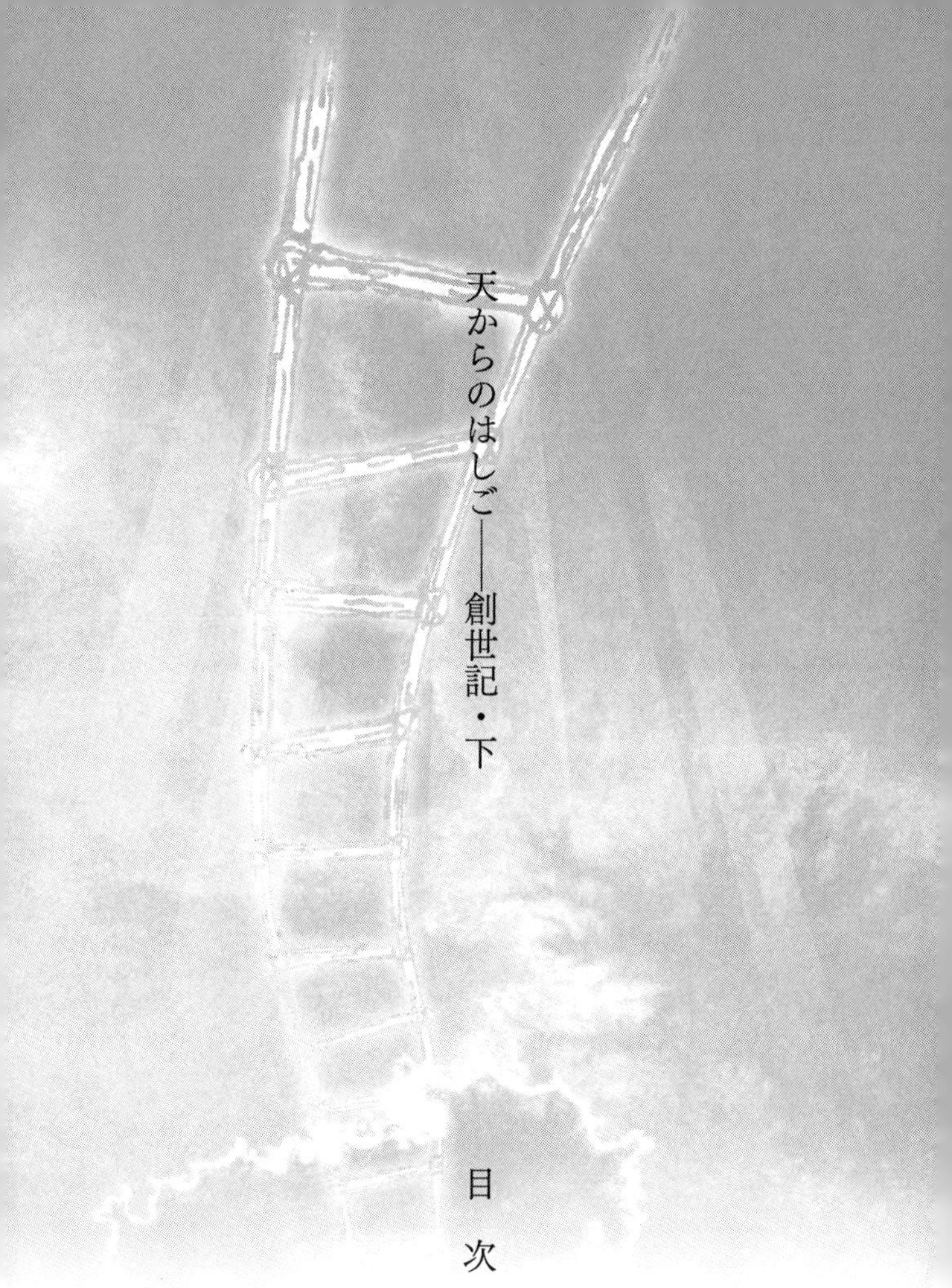

天からのはしご——創世記・下

目次

天からのはしご・創世記 下巻

アブラハムと神さまと星空と・創世記 上巻（既刊）

神さまのうしろ姿を見るハガル

聖書　創世記16章1～16節

1 アブラムの妻サライは、アブラムに子を産んでいなかっ
た。彼女にはエジプト人の女奴隷がいて、その名をハガルと
いった。2 サライはアブラムに言った。「ご覧ください。主は私が子を産めないようにして
おられます。どうぞ、私の女奴隷のところにお入りください。おそらく、彼女によって、私
は子を得られるでしょう。」アブラムはサライの言うことを聞き入れた。3 アブラムの妻サ
ライは、アブラムがカナンの地に住んでから十年後に、彼女の女奴隷であるエジプト人ハ
ガルを連れて来て、夫アブラムに妻として与えた。4 彼はハガルのところに入り、彼女は
身ごもった。彼女は、自分が身ごもったのを知って、自分の女主人を軽く見るようになっ
た。5 サライはアブラムに言った。「私に対するこの横暴なふるまいは、あなたの上に降

りかかればよいのです。この私が自分の女奴隷をあなたの懐に与えたのに、彼女は自分が
身ごもったのを知って、私を軽く見るようになりました。主が、私とあなたの間をおさば
きになりますように。」6 アブラムはサライに言った。「見なさい。あなたの女奴隷は、あ
なたの手の中にある。あなたの好きなようにしなさい。」それで、サライが彼女を苦しめた
ので、彼女はサライのもとから逃げ去った。7 主の使いは、荒野にある泉のほとり、シュ
ルへの道にある泉のほとりで、彼女を見つけた。8 そして言った。「サライの女奴隷ハガル。
あなたはどこから来て、どこへ行くのか。」すると彼女は言った。「私の女主人サライのも
とから逃げているのです。」9 主の使いは彼女に言った。「あなたの女主人のもとに帰りな
さい。そして、彼女のもとで身を低くしなさい。」10 また、主の使いは彼女に言った。「わ
たしはあなたの子孫を増し加える。それは、数えきれないほど多くなる。」11 さらに、主の
使いは彼女に言った。「見よ。あなたは身ごもって男の子を産もうとしている。その子をイ
シュマエルと名づけなさい。主が、あなたの苦しみを聞き入れられたから。12 彼は、野生
のろばのような人となり、その手は、すべての人に逆らい、すべての人の手も、彼に逆ら
う。彼は、すべての兄弟に敵対して住む。」13 そこで、彼女は自分に語りかけた主の名を
「あなたはエル・ロイ」と呼んだ。彼女は、「私を見てくださる方のうしろ姿を見て、なお

も私がここにいるとは」と言ったのである。14 それゆえ、その井戸はベエル・ラハイ・ロ
イと呼ばれた。それは、カデシュとベレデの間にある。15 ハガルはアブラムに男の子を産
んだ。アブラムは、ハガルが産んだその男の子をイシュマエルと名づけた。16 ハガルがア
ブラムにイシュマエルを産んだとき、アブラムは八十六歳であった。

6月最後の主日となりましたけれども、ようこそいらっしゃいました。ほんとうに今、こうして守られて集うことができることを感謝いたします。

今日の聖書の箇所には二人の女性が登場いたします。一人目はアブラハムの妻のサラ。聖書のこの箇所にはアブラムとありますが、後にはアブラハムという名前になりますので統一してアブラハムと呼びます。妻サライも後にはサラという名前になりますので、統一してサラと呼びます。登場する二人目の女性はハガル、サラの奴隷です。サラとハガル。この二人の生涯について語るべきことはほんとうにたくさんあるのですけれど、サラについては今後見ることがありますので、今日はハガルを見たいと思います。

このアブラハムとサラの夫妻はメソポタミア、今のイラクの辺りを出発してイスラエルの

辺り、カナンという所にやって参りました。神さまの導きによって行くようにと言われてそこに来ました。そこで子どもが生まれ、多くの国民になると言われていたんですけれども、10年経っても、まだ子どもが産まれません。アブラハムはこの時85歳、妻のサラは75歳で不妊でした。

「サライはアブラムに言った。『ご覧ください。主は私が子を産めないようにしておられます。』」（16・2）

こういう場合、妻の女奴隷の中から一人を選んで夫との間に子どもを設けさせるということが当時の常識的なやり方でした。ですからサラはアブラハムに、自分の奴隷ハガルとの間に子どもを設けるようにと言います。私たちは「それはしょうがないよね」「そうじゃなかったら子どもが産めないわけだから」というふうに思いがちですが、しかしここには罪があるということをやっぱり覚えておく必要があると思います。

それは結婚を疎かにするという罪です。神さまは「アブラハムから子どもが生まれる」と言ったけれども「サラから」とは言っていない。だから私たちはひょっとしたらサラは、これが良くないことだと知らなかったんじゃないかって思うかもしれません。けれどもそうじゃないんです。神さまは、世界の初めに一人の男性と一人の女性を結びつけて結婚させました、夫婦といたしました。そこから子孫が生まれて世界に祝福が広がるように、そういうふうに定められました。世界の始まりからこの結婚の関係、それは聖なるものであって決して曲げたり歪めたりしてはならないのです。聖書の中でも、ダビデやソロモンといった始まりは良かった人びとも結婚において罪を犯し、失敗しています。二人以上の妻を持ったりした場合に、それは決して祝福にならないことを聖書は明らかに示しています。だからいろんな事情とか境遇とかそういうことには関係なく、やっぱり結婚を損なうことは罪だということです。

そもそも神さまのご計画は、罪を犯さなければ進めることができないというものではないと、私たちは知る必要があります。神さまの御心を行いたいので、そのためにやむを得ない場合には罪を犯す必要があるんじゃないか、とそんなことを考えてはならないのです。神さまは全能のお方で、すべての事を用いてご自分のご計画を達成して行かれますから、神さまの御心を行うためとはいえ罪を犯してはならない。私たちはこのことを、普段は覚えてるかもしれないけれども、せっぱ詰まった時に忘れてしまうことがあります。あるいは妥協してしまうことがあります。この時のサラも、もう手段を選んでいる場合ではないと思った。ただ神さまがしてくださることを待っているわけにはいかない。もう10年経っちゃった。あと10年経ったらどうなるんだろう、そういう追い詰められたような気持ちになって、動き始めてしまった。神さまは確かに私たちと一緒に、私たちを通して働いてくださるお方なんだけれども、サラは神さまの思いを超えて、自分の思いで動いてしまいました。神さまと一緒にではなく、神さまを超えて動いてしまった。神さまの時を待つという余裕が彼女にはありませんでした。

しかし考えてみれば、私たちが罪を犯すのはそういう時だろうと思います。罪を犯してやろうと思って罪を犯す、ということはないと思うんです。でも自分が追い詰められたり、なんとか自分の生きる場所、スペースを作り出そうとする、そういう時に私たちは罪を犯す。

例えば激しく自己主張をしたり、他の人を攻撃してしまうことがある。またそういう人に攻撃を受けることもある。でもそういう時って単に私が自己中心だからだ、あるいはあの人は元々自己中心な人だからだ、ということはできないと思います。そうじゃなくて、人は自分が大切に扱われてないと感じて悲しく思う時に、追い詰められたような気持ちになる。このままだったら私は大切にされないと感じる時、ほんとうは相手に大切にしてもらいたいと思っているんですよね。でもそれが往々にして、私たちの場合は悲劇的な現れ方をする。大切にしてもらいたいと思っているのに「あなたのそういうところがダメなんだよ、良くないんだよ」と相手に対して突っかかっていく。そういう関わり方をすればするほど相手の心はますます私たちから離れていくわけです。「どうして愛してくれないのか」と怒れば怒るほど相手との関係が損なわれてしまう。そういう風に私たちが余裕をなくしてしまう時に、罪への道が開かれていく。

じゃあ、どうしたらそういう余裕のないところに行かないで済むのか。それは神さまに信頼することです。私は神さまに愛されている。私のことを愛してくれないかのように思えるあの人も、神さまに愛されている。神さまに愛されているその人の中にあんな激しい想いや憤りがあるということは、何がその人の痛みになっているんだろうか。どうしたら私はあの人を覆うことができるのだろうか。このように思える時、いろいろな罪や破れが繕われるということが起こります。せっぱ詰まって罪に駆り立てられるのか、それとも他の人の罪をも覆うことができるのか、そのちがいは神さまに信頼することができるかどうか、そこにかかっています。

サラのせっぱ詰まった思いから始まった罪は、関係する全ての人に大きな痛みを与えていきます。罪というのはそういうものです。罪を犯して痛みを覚える時に、これは神さまから罰せられたんだっていう言い方をするかもしれない。けれども、実際は自分の罪によって互いを傷つけ、傷つけられた人びとがさらに傷つけ合っていく。その当然の結果として痛みが生じるわけです。私たちは自分の罪の報いをそういう形で刈り取っていく。でも自分だけじゃなくて、自分に関係する人びとみんなが一人の人の罪によって大きく傷ついていくところに問題があります。

今日の箇所でも、アブラハムはサラの申し出を受け入れたんです。そしてサラが思った通りハガルが身ごもった。でも思い通りに行ったのはそこまでで、思いもかけなかったことが起こるわけです。身ごもったハガルがサラを見くだすようになった。元々なぜエジプト人のハガルがここにいたのか。アブラハムとサラが飢饉の時にエジプトに逃れて行った。あの時、サラは自分の妹なんだと嘘をついたためにパロの家に神さまの災いが起こって、パロが家畜や男女の僕をアブラハムに与えたと書いてあります。よく言われることは、ハガルがサラの女奴隷になったのはその時であったのではないかということです。エジプトは当時の第一の文明国で、ハガルはその王宮に仕えていた奴隷なのに、自分の意思に反してこの岩だらけの山地であるパレスチナに連れて来られた。しかも連れて来られた先は遊牧民。エジプトでは遊牧民はとても軽蔑されていた人たちで、後にヤコブとその息子たちがエジプトに移住した時にもゴシェンの地というとても辺鄙なところに住まざるを得なかった。ですからハガルの中には、自分はなぜこんな遊牧民の人たちのところで奴隷なのか、という思いがあっただろうと思います。決して楽しい毎日ではなかったと思うんです。

さらに想像を巡らせると、ナイルにあったパロの宮殿ではおそらく毎日思う存分に水浴びをすることができたんじゃないかと思うんです、水が豊かですから。しかし、水に乏しいパレスチナの山地でそんなわけにはいかなかった。あの羊臭い人たちヤギ臭い人たちの間で、エジプト育ちのハガルがどんなに寂しく辛い思いをしていたかなって。そこへもってきて彼女は身ごもるわけです。彼女の中に今まで積もり積もったものがあったかもしれない。そういう意味ではハガルもまたせっぱ詰まって追い詰められた人。そして身ごもることによって主人であったサラに対して有利な立場に立ったと思い、見くだすようになったわけです。このことによってサラは苦しみます。これはまあ自分に原因がある訳ですけど、苦しんでその苦しみをアブラハムにぶつけるのです。

「サライはアブラムに言った。『私に対するこの横暴なふるまいは、あなたの上に降りかかればよいのです。』」（16・5）

アブラハムも毎日そういう風にサラに責められたらとても困っただろうな、苦しかっただろうなって思うんです。サラの言い分は「あなたに妻としてハガルを与えたのだから、あなたはハガルの夫。妻をちゃんと治めて言うこと聞かせなきゃダメでしょ、あなたがちゃんとしてないからハガルが私にこういう態度をとるんだ」っていうわけです。しかしそう言われても、アブラハムは動かない。「あなたが好きなようにしたらいい」とサラに言って委ねるわけです。無責任なようですけれども、しかし元々一人の男性が二人の妻に責任をもって関係を結んでいくことなどできるわけがない。それはほんとうの結婚のあり方に反しているわけですから。歪んだ結婚は必ず大きな災いとなってしまうということを覚えさせられます。

しかし、もちろん最大の被害者はハガルです。彼女は、思えばずっと物のように扱われてきた。エジプトからパレスチナに来る時もそうだったし、サラがアブラハムに子どもを設けなさいと言って差し出す時も、まるで物であるかのように、子どもを得るための手段であるかのように扱われているわけです。そんな中で子どもを身ごもって、やっと自分の立場ができたかな、少しは大切にしてもらえるかなと思った。ところが、彼女の中にもせっぱ詰まったところから出てくる罪があった。身ごもることができないサラに対する愛とか同情とか、ほんとうだったらそういったものがあっても良かったのかもしれないけれども、今までの痛みから、まるで復讐するかのような態度に出てしまった。これもまた愛されたい、大切にされたいという願いが悲劇的に表れているわけです。その結果がまたサラに戻ってくる。そしてサラはいじめた。ハガルが逃げ出すくらいいじめた。ハガルの苦しみが増し加わっていきます。ここまで来るとサラは跡継ぎのことはもうどうでも良くなっていたみたいです。ハガルが逃げ出すほどに激しくいじめてしまう。こうしてハガルが逃げ出したことによって何もかも失敗した。サラとしては、こんなことになると知ってたらそもそもハガルをアブラハムに与えはしなかったのに、と思ったかもしれない。残ったのは苦しみだけ。みんな苦しんでいる。アブラハムとサラとの結婚関係も損なわれた。サラとハガルとの関係もまた損なわれてしまった。そしてハガルがいなくなって、すべて無駄に終わってしまったかのように思われた。

私たちの生涯にもそういうことがあります。自分の罪、また人の罪の結果によって大きな傷を負ってしまう。なにもかも徒労だったと感じることがある。ハガルは荒野の中を逃げて行った。彼女はそんなに土地に通じているわけじゃないですから、おそらく神さまの導きによって、恵みによって、シュルへの道にある泉のほとりにたどり着き、そこで一息つく。そうじゃなかったらすぐに死んでしまったに違いない。ここで心を打つ出来事が起こります。先週は、神さまがアブラハムを、まるで手を引くようにして星空の下に連れ出して星を見せたと語りました。今日のところはこうです。

「**主**の使いは、荒野にある泉のほとり、シュルへの道にある泉のほとりで、彼女を見つけた。そして言った。『サライの女奴隷ハガル。あなたはどこから来て、どこへ行くのか。』」（16・7〜8）

見つけたんです。ハガルを見つけた。主の使いが見つけた。神さまがハガルを心に留めてくださって、主の御使いを用いてハガルを探してくださった。ここで思い出すのは、エデンの園でアダムとエバが罪を犯して隠れた時「あなたはどこにいるのか」と神さまが探してくださったこと。私たちは罪を犯す時に「もう神さまに喜ばれない、神さまに裁きを受ける」と、恐れる。けれども、そんな私たちを神さまは探してくださる。「あなたはどこにいるのか」と探してくださる。アブラハムは世界の祝福の通路となるために、ユダヤ人とユダヤ民族の始まりとなった人です。だけどハガルはどうでしょうか。ハガルは神さまの救いの計画の中で大きな役割を果たす、そういう人物ではなかった。エジプト人で、奴隷で、そして当時は男より低く見られた女性であった。そのハガルに、神さまが関心を持っておられるんです。神さまが、後に神の友と呼ばれたアブラハムに持っておられるのと同じ関心を、ハガルにも持っておられる。神さまはハガルをも友としようとしておられる。イエスさまのことを思います。イエスさまもいつもそうでした。罪人や病気の人、汚れた女性と呼ばれるような、そういう人びととともにおられた。神とともにいることなんか相応しくないと他の人から見なされる、そういう人たちとともにおられた。「自分はとても神さまの前に立つことなどできない」と思う、そういう人びととともにイエスさまはいてくださいました。私たちの中にも「私は今神さまの前に立つことができない罪人だ」、そういうふうに思っている方がおられるかもしれない。自分なんかダメだと思っている人がおられるかもしれない。自分のように信仰の弱い、祈りの足りない、恵みのわからない者は駄目だと思っている人がおられるでしょうか。だけど知っていただきたいのは、そういう人こそ、今、最もイエスさまが近づいてくださるお方だ、ということです。

私も、頭を抱えて、「自分ってダメだな」って思って、絶望的な気持ちになることがあります。一人の人として、また牧師として、自分の足りなさ、自分の色んな事、今まで言ってきたこと、してきたことなんか思い出すと壁に頭をぶつけたいように思うことがあります。けれどもふっと思うんです。今この時にイエスさまが一番私に近づいてくださっている。「自分はダメだ」と思うような、こういう時こそ一番近いときなんだ。これが福音なんです。立派な人が立派になって、立派に神さまの友だちになるっていうのではないんです。そうでなくて、ほんとうに自分の弱さと罪が分かってどうにもたまらない気持ちになっている人に、イエスさまが、ご自分から近づいてきてくださる。これが福音です。神さまの近くになんか行けないんじゃないかと思うその時に、神さまが私たちを見つけて近づいてきてくださる。

信仰とは何だろうか。信仰とは、神さまが私たちを見つけてくださったこと、そのことに気づくっていうこと。いつも信仰は神さまの側から始まっている。私たちの側からじゃなくて、神さまの側から来てくださって信仰を差し出してくださる。

先週は、信仰とは神さまへのアーメンなんだっていうことを語りました。アブラハムは神を信じた、神はそれをアブラハムの義と認められたとありますけれども、ここで「信じる」「信じた」という部分に「アーメン」という言葉が用いられています。アブラハムは神をアーメンとした、ということです。アーメンというのは、その通りです、私もそう思います、それが真実ですということです。アブラハムは神さまを「アーメンです、あなたそのものが私にとっての真実です」と言って受け入れました。そういうふうにアブラハムは神さまを信じた、信じることができた。その神へのアーメンというのは一体どこから来たのか。

昨日は一年12回で聖書を読む会で、信仰って何なのか、どうしたら信仰を得ることができるのかということが話題になりました。そこで、具体的な信仰者の信仰の道のりというか、信仰に入った時の例があるといいかなと思って遠藤周作さんの本を少し読んだんです。地震で本棚の本が全部出てきてしまったんですが、その中に遠藤周作の本があって、座り込んで読み始めてしまったんです。そしたらそこにこんなことが書いてあった。

「私の中にあるのは90%の疑いと10%の信仰だ」

そう言われると、なんだ10%だけなのかなと思うんですけれど、でもとても共感するところがあると思うんです。「自分が意識しているところはあれはどうなんだろう、これはどうなんだろうという疑いばかりなんだけど、10%の信仰というのはどこにあるのかと言うと、自分の無意識の中にある」というようなことを遠藤周作は言うんです。心の底に自分でも意識してない信仰がある。それがどこから来たかというと、一瞬に来たわけではない。遠藤周作がカトリックのお母さんに無理やり教会に連れて行かれ、何も考えずに洗礼を受けたのが小学校4年生の時。あとはいろんな神父の導きとか、カトリックの友だちとの関わりとか、病気を経験したりする中で神さまが背中を押し続けてくださった、そしていつのまにか自分の中に10%の信仰があるって言うんですね。たった10%か、と思うんだけれども、これが神さまから与えられた信仰なんです。信じなきゃいけないから、信じようと思って信じたっていうより、神さまが与えてくださった。無意識の中にありますから、遠藤周作が何を考えようが、何が分かんなくなろうが、それは彼の中にあるんです。ほんとうに確かなものを神さまが与えてくださっている。

私たちは自分の信仰が弱いとか何とかいろいろいろいろいろ言うんだけれど、でもその弱いと言うその信仰はどこから来たのか。こうやってこうなったので信じました、と理路整然と説明できる人はだれもいない。証などを読んでもやっぱり最後のところがはっきりしない。「こういうことがあってこういう出来事があったんです、その時に神さまが分かりました」と。「その時に十字架が分かりました、その時信じました」と、やっぱりどうも一足飛びに信仰に入ってる。それは、神さまがそこで信仰を与えてくださっているから。信仰を与えてくださる神さまがおられる。この私が神の子とされている。そういう無意識の中に信仰がある。

でも、なぜそれが仏教じゃなくてキリスト教の神なのか。そこに日本人の罪に対する考え方がある。罪という言葉が日本語にないわけじゃない。でもそれが意味しているところは「汚れ」あるいは「苦しみ」。そういうものを日本人はずっと「罪」と呼んできた。だから願うことは、自分の人生の中に、自分の中にそういう汚れや苦しみが入り込んで来ないこと。だから祟りがないようにお祓いをしたりするんだけれども、自分の犯した罪が神を悲しませ、自分を傷つけ、周りの人びとを傷つけていくという、そういう罪の意識って聖書にしかない。自分はやっぱり自分の罪ということを思わざるを得ない。これも遠藤周作が書いていた例ですけれども、彼が子どもの頃、家に女中さんがいた。ある時、その女中さんが大切にしているものを、何かわかんないけど自分が盗ってしまった。けれども「自分は知らない」と言い通して最後まで逃げ回って済ませてしまった。夜眠れないような時に、ふとそういうことを思い出す。それがどういう影響を与えていったのか。ひょっとしたらその女中さんは傷ついて人を信じることができなくなってしまったかもしれない。そしてそれだけじゃない、そういうことが無数にある。そう考え始めると、ほんとうに私たちは自分の罪におののかざるを得ない。その解決はどこにあるのか。それを償う、贖うことができるのは神さまだけなんです。神がその御子を十字架にかけて、私たちの罪を償い、贖ってくださった。だから私たちは罪を赦していただき、厚かましいようなんだけれども、罪の結果もまた神さまにお委ねして、神さまとともに再び歩き出すことができる。

神さまはハガルに臨んでくださって語りかける。

「あなたはどこから来て、どこへ行くのか。」（16・8）

これは、ほんとうはハガルがどこにいるべきかを教えているように思われます。奴隷や女性が物のように扱われる時代、これは決して良いことじゃないんだけれども、しかしこの時代にあってもハガルにはいるべきところがあり、なすべき役割があった。もちろん神さまは奴隷という制度もなく、女性が男性と同じように生きることができる世界を実現して行かれるけれども、その途中の段階であっても、それぞれになすべきことがある。そういうことを通しても、また神さまが世界を変えて行かれるわけです。

「主の使いは彼女に言った。『あなたの女主人のもとに帰りなさい。そして、彼女のもとで身を低くしなさい。』」（16・9）

そこにあなたの使命がある。奴隷という制約の中にあっても、そういう制約の中にあっても、あなたの使命がある。今の時代でも、私たちにはいろんな制約があると思います。今自分が置かれている家庭の環境、あるいは年齢、体調とか、それぞれ大きな制約を持ってると思います。だけど神さまは「あなたはそこで身を低くしなさい、あなたにはそこで仕えるべきこと、なすべきこと、使命がある」と言われる。到底不可能なことを命じておられるのではなくて、むしろ弱さを認め、その弱さの中で主に助けられ、弱さがあるからこそできる、あなたにしかできない使命がある。病の中にあった人びとはその経験を通して他の人びとに寄り添うことができるでしょう。悲しみを知っている人たちはそれゆえに他の人びとの励ましになることができるでしょう。置かれた場所でそれぞれが遣わされて行く事を神さまは望まれている。

また、神さまは大きな喜びを彼女にお伝えになります。

「また、主の使いは彼女に言った。『わたしはあなたの子孫を増し加える。それは、数えきれないほど多くなる。』」（16・10）

もともとのことを言えば、アブラハムの息子がハガルから生まれるというのは神さまのご計画にはありませんでした。けれども神さまは、サラの罪から始まったことなんだけれども、そこから良きことを生み出そうとしてくださる。ハガルの苦しみに耳を傾け、そしてハガルを養い、ハガルから多くの子孫を与えるという約束をしてくださった。人間の罪から出てきたいろいろな破れが世界に満ち満ちている。でも神さまは、そのことからも良きことを作り出してくださる。私たちは自分の過去の罪を思い出す時に、顔が赤らみ、また思わず声が漏れるような恥ずかしさ、悲しみ、そういうことを感じる。また、自分の罪の結果が恐ろしくて立ちすくむ。でも神さまはそこからもまた良きことを、かえって良きことを生み出すことができるお方です。安心したらいいです。罪を思い出したなら、その罪がすでに主イエスの十字架に負われていること、罪の結果もまた神さまが負ってくださっていることを、私たちは信頼するべきです。

そして、サラの行動から起こったもう一つの素晴らしいことは、ハガルが神さまを信じたことです。

「そこで、彼女は自分に語りかけられた主の名を『あなたはエル・ロイ』と呼んだ。彼女は、『私を見てくださる方のうしろ姿を見て、なおも私がここにいるとは』と言ったのである。」（16・13）

ハガルは神さまを見た。神のうしろ姿を見る、これは聖書では神さまに会うということ。旧約聖書の中で他にこの言葉が使われているのはモーセ、イスラエルをエジプトから連れ出した偉大なユダヤの指導者。そして預言者エリヤ。実はこの二人は、イエスさまが栄光の姿に変えられた変貌山の時に現れた。旧約最大の預言者、モーセとエリヤが神のうしろを見ているわけです。なんと神さまは、エジプトの女奴隷ハガルをモーセやエリヤとある意味で同じように扱ってくださった。そしてハガルは神さまをアーメンとし、神さまもハガルを「あなたはそれでいい」と、アーメンとされました。

私たちもまた神さまをアーメンとし、神さまにアーメンとされた一人一人です。すでに私たちは神さまの不思議な力と驚くべき愛を知っている一人一人です。だから私たちは、絶体絶命でせっぱ詰まった時、もう逃れようがないようなピンチと思える気持ちに追い込まれた時にこそ、神さまを信頼することができる。落ち着くことができる。罪から離れて、堂々と神さまの守りの中を歩くことができる。焦ることはないのです。慌てることはないのです。私たちには、イエス・キリストの父なる神さまがおられる。私たちを子と呼んでくださるお方がおられる。それはほんとうのことです。私たちはこのことを、何パーセントか知らないけれども、心の底でかもしれないけれど、無意識の中でも確信している。だから私たちは大胆に神の子として歩むことができます。そういう私たちが、まるで父がいないかのように、神さまがいないかのように振る舞ってしまうことが決してないように、私たちの内に神さまの恵みが豊かにあるように、守りが豊かにあるように。

笑うアブラハム

聖書　創世記17章1～19節

[1]さて、アブラムが九十九歳のとき、主はアブラムに現
れ、こう言われた。「わたしは全能の神である。あなたは
わたしの前に歩み、全き者であれ。[2]わたしは、わたしの契約を、わたしとあなたとの間
に立てる。わたしは、あなたを大いに増やす。」[3]アブラムはひれ伏した。神は彼にこう
告げられた。[4]「これが、あなたと結ぶわたしの契約である。あなたは多くの国民の父と
なる。[5]あなたの名は、もはや、アブラムとは呼ばれない。あなたの名はアブラハムとな
る。わたしがあなたを多くの国民の父とするからである。[6]わたしは、あなたをますます
子孫に富ませ、あなたをいくつもの国民とする。王たちが、あなたから出てくるだろう。
[7]わたしは、わたしの契約を、わたしとあなたとの間に、またあなたの後の子孫との間に、

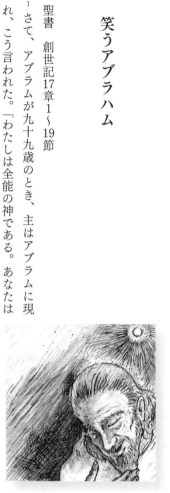

代々にわたる永遠の契約として立てる。わたしは、あなたの神、あなたの後の子孫の神と
なる。8 わたしは、あなたの寄留の地、カナンの全土を、あなたとあなたの後の子孫に永
遠の所有として与える。わたしは彼らの神となる。」9 また神はアブラハムに仰せられた。
「あなたは、わたしの契約を守らなければならない。あなたも、あなたの後の子孫も、代々
にわたって。10 次のことが、わたしとあなたがたとの間で、またあなたの後の子孫との間
で、あなたがたが守るべきわたしの契約である。あなたがたの中の男子はみな、割礼を受
けなさい。11 あなたがたは自分の包皮の肉を切り捨てなさい。それが、わたしとあなたが
たとの間の契約のしるしとなる。12 あなたがたの中の男子はみな、代々にわたり、生まれ
て八日目に割礼を受けなければならない。家で生まれたしもべも、異国人から金で買い取
られた、あなたの子孫ではない者もそうである。13 あなたの家で生まれたしもべも、金で
買い取った者も、必ず割礼を受けなければならない。わたしの契約は、永遠の契約として、
あなたがたの肉に記されなければならない。14 包皮の肉を切り捨てられていない無割礼の
男、そのような者は、自分の民から断ち切られなければならない。わたしの契約を破った
からである。」15 また神はアブラハムに仰せられた。「あなたの妻サライは、その名をサラ
イと呼んではならない。その名はサラとなるからだ。16 わたしは彼女を祝福し、彼女に

よって必ずあなたに男の子を与える。わたしは彼女を祝福する。彼女は国々の母となり、もろもろの民の王たちが彼女から出てくる。」17 アブラハムはひれ伏して、笑った。そして心の中で言った。「百歳の者に子が生まれるだろうか。サラにしても、九十歳の女が子を産めるだろうか。」18 そして、アブラハムは神に言った。「どうか、イシュマエルが御前で生きますように。」19 神は仰せられた。「いや、あなたの妻サラが、あなたに男の子を産むのだ。あなたはその子をイサクと名づけなさい。わたしは彼と、わたしの契約を立て、それを彼の後の子孫のために永遠の契約とする

7月第一主日の聖餐礼拝にようこそいらっしゃいました。「笑うアブラハム」と題して語ります。アブラハムは99才になりました。カナンにやって来たのが75才ですから、もう24年が経ちました。こういうところを見るときに「ずいぶん時間がかかるなぁ、神さまはずいぶん時間をかけられるなぁ」とそう思います。神さまなんだからもっと早く事を進めることができないのだろうかと思います。もしこれが私たち自身のことなら「神さま、まだですか」ともどかしく感じることがよくあると思うんです。しかし神さまは、私たちをそっちのけにして、私たちの状況には関わりなく、おひとりでどんどん事を進めていかれるお方ではない。

そうじゃなくて、私たちを通し、私たちを整えながらご自分のみわざを行われるお方である、ということを思います。

キリスト者学生会（KGK）の前総主事、大嶋重徳《おおしましげのり》という方は福知山出身で、若者に届く言葉を語る説教者として良く用いられています。著書もいろいろあって今までもいくつかお薦めしてきましたが、そのうちの一つに『おかんとぼくの信仰継承』というものがあります。大嶋先生のお母さんが家族で最初にクリスチャンになって一生懸命伝道する姿や、大嶋先生がそれをどう受け取ってきたかということが書いてある、とても面白い本です。大嶋家では最初にお母さんが救われ、重徳さんもやがて救われて献身することになったわけですけれども、お父さんがなかなか信仰に入らないんです。ところが、そのお父さんがついこの間救われた。47年かかった。お母さんが救われてから47年かかったのです。お父さんが「信じる」と言ったとき、お母さんは泣きに泣きながら「私はこの日を47年間待った。荒野の40年よりも7年長かった」と言ってね。お母さんはこの47年間、本当に腰を据えて祈ってきた。いつお父さんが救われるか？　それに対して何か明るい兆しがあるかどうか？　あろうがなかろうが、いつ救われるか分からないけれども祈り続けた、腰を据えて。「腰を据える」というのは「どこまでも」という事ですよね。祈ってきた、そして機会あるごとに教会に誘ったり、福音を伝え続けてきた。それを聞いていた私は「確かにこのお母さんは腰を据えてお父さんを愛したんだな」と思ったんです。でもそこにやはり、このお母さんよりももっと腰を据えてくださった神さまがおられたことを思います。

神さまは私たちの足りなさや不従順、弱さ、そういったものを丸ごと全部抱えてくださる。神さまが私たちを抱えてくださるときには、私たちの良いところだけ抱えてくださるんじゃない。あるいは資格を審査して「こういう所があるからちょっと今は抱えられないな」って断るような、そういうお方でもない。そうじゃなくて弱さや足りなさを全部ひっくるめて、罪も全部ひっくるめて抱えてくださっている。そして抱え込んでから、じっくりと信仰を育ててくださる。そういう神さまなんです。腰を据えて抱え込んでくださる。それが私たちの神さまですね。

神さまは腰を据えてアブラハムを育ててくださいました。アブラハムはカナンに来てすぐエジプトに行き、妻のサラを危険にさらしました。その時も神さまがその失敗を覆ってくださり、守ってくださいました。その後も自分の僕《しもべ》を跡継ぎにしようとしたアブラハム、あるいはハガルとの間に子をもうけたアブラハム、そのアブラハムを神さまはいつも弱さごと抱えてくださる。アブラハムの間違いや問題、罪に動かされない。腰を据えている。腰を浮かしたりしないんです。「この男を通して世界を祝福するのは止めようか。」そうは思われない。どこまでも腰を据えて育て続ける神さまの姿がそこにあります。

今、イシュマエルは13才になった。その間、子どもは全然生まれないわけです。ですからアブラハムは「イシュマエルが自分の跡継ぎになるんだろうか、神さまが私たちに子どもを与えないままにしておかれるのはそういうことなんだろうか」と考え込むわけです。ところがそこで神さまがおっしゃいます。

「わたしは彼女を祝福する。」（17・16）

「彼女」とはサラの事ですよね。確かに「彼女によって必ずあなたに男の子を与える」と、そうおっしゃる。アブラハムとサラの間の子であり他の子じゃない。あなたとサラの間に男の子を生まれさせるとおっしゃっている。その時アブラハムは笑うんです。ここは、聖書で「笑う」という言葉が出てくる最初の箇所です。しかし、聖書で最初の笑いは何とも微妙な笑いであるという事に気づかされます。心から大笑いしたという笑いではない。17節。

「アブラハムはひれ伏して、笑った。そして心の中で言った『百歳の者に子が生まれるだろうか。サラにしても、九十歳の女が子を産めるだろうか。』」（17・17）

そう言いながら笑った。「神さま、私とサラの間にとうとう子どもを与えてくださるんですか、そんな素晴らしいことをしてくださるんですか」と喜んで笑ったわけではなさそうです。ここの笑いは「疑いの笑い」と呼ばれます。「疑いの笑い」。神さまのおっしゃるとおりになるんだったらそれはそれで嬉しいんだけれども、でも信じることができないから、「いやぁ、ちょっと……」っていう笑いだというわけです。けれどもこの一週間、説教に備えながら何度もここを読んでいるうちにふと気づかされる事がありました。アブラハムは確かに疑っている、疑いの笑いなんだけれども、でも決して口をゆがめて「どうせ神さまなんて」と言いながら笑ってるわけではない。何か皮肉な態度をとっているわけでもない。そうじゃないですよね。アブラハムは神さまをアーメンとした。神を信じたアブラハムです。そして神さまが自分を丸ごと抱えてくださっていると知っているアブラハムです。だから「サラによってあなたに男の子を与える」と神さまに言われた時、ふっとそこに「ひょっとしたらそうかもしれない」という思いがあったんでしょう。疑いがないわけではなかったけれども、この神さまだったら、ひょっとしたら、本当にそうしてくださるかもしれない、という小さな信仰がアブラハムの中にふっと芽生えたように思われます。もちろんアブラハムだって常識では「そんな事はあり得ない、いくら神さまでも自分とサラとの間に子どもを与えるのは無理だ」と思うわけです。でも常識で抑えきれない心の動きがアブラハムの中にふっとわき上がってくる。常識ではあり得ないけれども、一方で「もしかしたら?」「ひょっとしたら?」と心が動いてどきどきするような、心の中がクスリと笑うようなそんな信仰あるいは希望がアブラハムの中でかすかに動いたのではないかと思います。

いかにも頼りない、1%ぐらいの信仰かもしれないですけれども、神さまはそれを見逃されなかった。神さまは私たちのうちに、ふっと1%の信仰を与えてくださる。そして、それを大切に育ててくださる。アブラハムは18節で、なおも常識的に「イシュマエルがあなたの御前で生きながらえますように」と申し上げている。これは神さまに「いやぁ、そうではないでしょう」って恐る恐る反対しているわけですけれども、ここで神さまはアブラハムを叱ったんじゃない。叱って無理やり言うことを聞かせるんじゃなくて、アブラハムの小さな信仰を育てようとされた。腰を据えて、今は小さいその信仰を大きく成長させるという覚悟をもって対峙してくださっている。だから19節で「いや、あなたの妻サラが、あなたに男の子を産むのだ。あなたはその子をイサクと名づけなさい」と言われた。イサクというのは「笑い」という意味です。疑いもあるけれども小さく小さくクスリと心が動く、そんなアブラハムの「ひょっとしたら」という期待を神さまは見逃されなかった。そしてアブラハムの「ひょっとしたら笑い」も。その笑いを「それを本当のことにしてあげよう」とおっしゃる。神さまは心から喜んでアブラハムにイサクを与えてくださった。「ひょっとしたら笑い」を本当の笑いにしてくださる。不信仰で疑いのこもった、けれども小さな希望も含まれる「ひょっとしたら笑い」を、神さまは心からの喜びの笑いにしてあげようとおっしゃって、アブラハムの小さな信仰を励ましてくださいました。

この「ひょっとしたら笑い」は、どうもサラにも伝染したように思います。この後しばらくして18章では神さまがアブラハムとサラのもとを訪れます。三人の人だけれども「主」と書いてありますから神さまのことです。三人とも神さまなのか、それとも一人が神さまで他は御使いなのか、そこのところは良くわかりませんけれども一人が言った。

「わたしは来年の今ごろ、必ずあなたのところに戻って来ます。そのとき、あなたの妻

サラには男の子が生まれています」（18・10）

サラはその人の後ろの天幕の入り口で聞いていた。繰り返される祝福の約束を聞いてサラは心の中で笑ってこう言った。

「年老いてしまったこの私に、何の楽しみがあるでしょう。それに主人も年寄りで」（18・12）

ここでサラも、アブラハムが笑ったのと同じ笑いをしているわけです。24年という年月の間にどこかでサラも神さまをアーメンとした、「神さま、あなたは私のアーメンです」と申し上げたようです。サラも神さまに抱えられて育てられてきた。神さまはサラをも腰を据えて育ててきてくださった。この後、18章13節から15節の会話は本当に心が温まります。神さまがサラに「どうして笑うんだ？　笑っただろう？」と言うわけですよね。そしたらサラは「私は笑いませんでした」と、まあ、偽りを言うのですけれども、神さまは「いや、確かにあなたは笑った」とおっしゃるわけです。笑った事を責めておられるのではないし、偽りを言ったことをとがめているわけでもない。神さまはサラと会話を続けたいと願っておられるように思えるんです。神さまはサラと言葉を交わしたい、交わりを持ちたいんです。サラの笑いを「いいえ、笑いませんでした」となかった事にしてしまうんじゃなくて、あなたの「ひょっとしたら笑い」を本当の笑いにしてあげよう、と語りたいようです。そのように、神さまはじっくりとした交わりの中で信仰を育ててくださる。

困難に取り巻かれるときに、私たちが学び、知っておくべきことがここにある。それは「岩のように揺るがない信仰がなかったらダメ」なのではないこと。そうじゃないんです。「ひょっとしたら神さまはこの困難の中にもご自身の恵みを加えてくださるかもしれない、そうなったらどんなに良いだろう。」始まりはそんなかすかな希望でもかまわない。とても信じることはできない？　でも本当だったら？　大丈夫かな？　疑いながらも「ひょっとしたら」という信仰が神さまから与えられ、芽生えていく。その時に「自分の信仰はやっぱり疑いがあるからダメなんだ、こんな信仰は受け入れられないんだ」とせっかくの信仰の芽生えを摘み取ってしまうことがないようにと思います。神さまはどんな小さな期待であっても、どんな小さな信仰であっても、それを見逃されることをなさらない。そこから始めてくださる。そこから始めて私たちを信仰者として成長させ、同時にその困難を解決させてくださる。成長と解決の両方をしてくださる。だから、困難がすぐに解決されない時に焦る必要はない。そこには神さまがもうすでに始めてくださっている事があるからです。日本では「クリスチャンが一%を超えない」と嘆かれる。けれども実際にはヨーロッパでも5世紀ぐらいからキリスト教が浸透していくまでに5、6百年かかっているんだそうです。それから比べると日本のキリスト教の歴史は100年、200年の歴史ですから。でも神さまはすでに腰を据えて、日本の宣教というわざに飛び込んでくださっています。

私たちは本当にせっぱ詰まったと感じると、まるで溺れている人が何もかも投げ捨てるように、何もかもめちゃめちゃにしてしまうことがあります。けれどもそうじゃなくて、私たちは神さまに腰を据えて抱えられている。だから焦ったり、他の人を踏みつけて自分だけが助からなければと思ったりする必要はない。神さまに抱きしめられている。この困難の中で苦しさを感じているんだけれども、苦しさまるごと、困難まるごと、神さまに抱きしめられていることを知る必要があると思います。神さまはそんな困難の中でも私たちの深いところを、むしろ困難の中でなければ掘ることのできない深いところを掘り起こし耕してくださる。そして、ますます深い交わりのうちに成長させてくださる。世界を創造された神さまは、笑いを創り出すことができる。私たちが頭を抱えて「もう真っ暗だ、笑うことさえできない」と思っている、そういう中でも小さな笑いを、「ひょっとしたら」という笑いを生み出すことができます。そしてその小さな笑いを心からの喜びに変えてくださる。私もよく頭を抱えますけれども、個人的な問題も牧会や伝道の問題も、それごと神さまに抱えられているんだなと思います。神さまは、私たちの状況によって一喜一憂されない。腰を据えて抱え続けてくださっている。だから私たちも「抱えられ方」を覚えたら良いと思うのです。腰を据えて抱えられる、抱えられ方。小さな芽生えをじっくりと育ててくださりそこから本当に大きな喜びを起こしてくださる、そういう神さまに腰を据えて抱えられていることを経験し学んでゆきたいと思うのです。

さて17章に戻りますけれども、ここでは割礼についての定めがある。割礼は私たちクリスチャンにとってはあまり良いイメージがないかもしれません。というのも、後に初代教会で異邦人がクリスチャンになった時に割礼を受けるべきかで論争が起こるからです。そして手による割礼、肉における割礼は必要じゃないという結論が出てくるわけです。でも、割礼が定められた17章の箇所を見るならば、割礼そのものは明らかに恵みであるということがおわかりになると思います。まず神さまはアブラハムと契約を結ばれる。この契約は15章ですすでに結ばれたものがもう一度更新されたものですけれども「あなたはこれをしてください、私はこれをしてあげましょう」という交換条件のような契約では全然ないわけです。聖書の契約というのはアブラハムの場合には「私があなたの神となり、あなたの子孫を増やし、カナンの土地をあなたとあなたの子孫に与える」という一方的な申し出、一方的な約束です。それがここでいう契約なんですね。そういう意味では、契約という言葉を使うと誤解を生むのではないかと思うぐらいです。

割礼はその契約のしるし、つまり神さまがおっしゃってくださった申し出は変わることがないというしるしです。もし、神さまの契約が確かだということが分からなくなったらどうしたらいいか。その時には自分の肉についている契約のしるしを見たら良いんです。皮膚の一部を取り去られていますから、その傷は一生消えないわけです。それを見て「神さまの約束、祝福の約束は変わることがないんだ」という事をもう一度思い出しなさいと、そういうふうにおっしゃいました。だから割礼は「私は神の民なんだ、神さまに愛され祝福されている神の民なんだ、そしてその愛はいつまでも変わることがないんだ」と思い出すためのしるしです。もちろん私たちは割礼を受ける必要はない、それとは異なるしるしがあるからです。

「割礼を受けているか受けていないかは、大事なことではありません。大事なのは新しい創造です。……これからは、誰も私を煩わせないようにしてください。私は、この身にイエスの焼き印を帯びているのですから。」（ガラテヤ6・15、17）

焼き印とは、牧場で持ち主が分かるように牛や馬の体に付ける、焼き付けたらもう消えないしるしです。それでは「イエスの焼き印」とは何か。洗礼のことだと理解することもできますけれども、それだけじゃないですよね。ガラテヤ6章15節には、大事なのは新しい創造だとある。私たちが新しくされること。永遠のいのちを頂いて、そしてその生命によって生きる、新しく創られていくという創造が始まっている。そういう私たちには、割礼に代わるしるしが与えられている。もう焼き付けられている。イエス・キリストにおいて私たちに与えられている神さまの祝福は、決して私たちを去ることはない。

日本人にとって「神」という言葉、そしてその概念はとても軽いものです。大きな木や大きな石、偉大な人物など何でも神にしてしまう。だから神の祝福といっても、神さまが気まぐれに与える幸運ぐらいにしか理解されないことが多いと思います。でも、私たちはそうじゃないということを知っていると思います。なぜなら、私たちの知っている神さまはイエス・キリストの父なる神さまです。御子を私たちのために差し出してくださった、十字架に架けてくださった、そういう神さまだ。父なる神が御子を捨てるまでに腰を据えてくださり、その上で差し出してくださる祝福。そう考える時、私たちはそれが唯一無二の、決して消えることのない祝福であることを知ることができます。それでも私たちには、神さまの祝福を失ってしまったと思うときがあります。愛する人と別れる時、大きな失敗をしてしまった時、あるいは罪を犯した時。けれども、私たちがどんなに真っ暗なように感じたとしても、祝福がないように感じたとしても、そう感じるだけであって神さまから私たちへの祝福の契約は変わることがありません。神さまは、私たちに愛想をつかしたりなさらない。最初から御子を与えるまでに腰を据えて、私たちを本当に愛してくださっているからです。だから、悲しみの中にあるときにイエスさまが私たちと共に祈っていてくださる、失望するときにイエスさまが私たちの希望になってくださる。希望が見えなくても、それどころかそのきっかけのようなものさえ見えなくても、イエスさまご自身が希望となってくださる。罪を犯しても、悔い改めるなら何度でもご自身の祝福の光、み顔の光を回復して私たちを照らしてくださる。主イエスの焼き印は決して私たちから消えることがない。このことを覚えておきたいと思います。

創世記の17章で、二人の人の名前が変わっています。アブラムがアブラハムに変わり、サライがサラに変わる。アブラハムにはハが加わった。サラにはイが抜けた。それぞれ小さな変更、たった1文字の違いです。この名前の意味自体もそんなに大きな違いはないと言われています。アブラムは「高い父」という意味で、アブラハムは「多くの者の父」。サライとサラは王女という意味でほとんど差がないと言われています。そうなんだけれども、しかし、この違いは決して小さな違いではない。大切なことは神さまが「あなたはもうこれまでのアブラムじゃないよ、アブラハムとして生きるんだ」「あなたはもうこれまでのサライじゃないよ、サラとして生きるんだ」とおっしゃってくださったということです。私たちは自分がクリスチャンであること、キリスト者であること、キリストのものであることを小さなことだと考えてはいけない。私たちは「いやクリスチャンといっても私なんかねぇ……」と言いがちなんだけれども、でも、私たちをクリスチャンにしたのは私たちではなくて神さま。神さまが私たちをクリスチャンにしてくださったということは、ただ寺のお墓から教会のお墓へと入るお墓が変わったたったというだけじゃない。ちょっとした物の考え方や価値観、優先順位が変わった、そういうことでもない。

「ですから、だれでもキリストのうちにあるなら、その人は新しく造られた者です。古いものは過ぎ去って、見よすべてが新しくなりました。」（第二コリント5・17）

すべてが新しくなった。キリストにあって私たちの心は新しくされている。私たちが願うこともまた新しくされている。私たちが感じる感じ方もまた新しくされている。神の子として、神に似たものとして新しくされている。それは新しくされ始めている。まだ完成までは道のりがあるんだろうけれども、でも私たちの生活も心も体も、すべての分野にわたって新しい創造がもう始まっている。新しくされた私たちは、ますます新しくされていきます。神さまが腰を据えて私たちを新しくし続けてくださっていることを覚えたいと思います。

神さまの友、アブラハム

聖書　創世記18章16～33節

[16]その人たちは、そこから立ち上がって、ソドムの方を見
下ろした。アブラハムは彼らを見送りに、彼らと一緒に行っ
た。[17]主はこう考えられた。「わたしは、自分がしようとしていることを、アブラハムに隠
しておくべきだろうか。[18]アブラハムは必ず、強く大いなる国民となり、地のすべての国民
は彼によって祝福される。[19]わたしがアブラハムを選び出したのは、彼がその子どもたちと
後の家族に命じて、彼らが主の道を守り、正義と公正を行うようになるためであり、それに
よって、主がアブラハムについて約束したことを彼の上に成就するためだ。」[20]主は言われ
た。「ソドムとゴモラの叫びは非常に大きく、彼らの罪はきわめて重い。[21]わたしは下って
行って、わたしに届いた叫びどおり、彼らが滅ぼし尽くされるべきかどうかを、見て確かめ

たい。」[22]その人たちは、そこからソドムの方へ進んで行った。アブラハムは、まだ主の前
に立っていた。[23]アブラハムは近づいて言った。「あなたは本当に、正しい者を悪い者とと
もに滅ぼし尽くされるのですか。[24]もしかすると、その町の中に正しい者が五十人いるかも
しれません。あなたは本当に彼らを滅ぼし尽くされるのですか。その中にいる五十人の正し
い者のために、その町をお赦しにならないのですか。[25]正しい者を悪い者とともに殺し、そ
のため正しい者と悪い者が同じようになる、ということを、あなたがなさることは絶
対にありません。そんなことは絶対にあり得ないことです。全地をさばくお方は、公正を行
うべきではありませんか。」[26]主は言われた。「もしソドムで、わたしが正しい者を五十人、
町の中に見つけたら、その人たちのゆえにその町のすべてを赦そう。」[27]アブラハムは答え
た。「ご覧ください。私はちりや灰にすぎませんが、あえて、わが主に申し上げます。[28]も
しかすると、五十人の正しい者に五人不足しているかもしれません。その五人のために、あ
なたは町のすべてを滅ぼされるのでしょうか。」主は言われた。「いや、滅ぼしはしない。も
し、そこに四十五人を見つけたら。」[29]彼は再び尋ねて言った。「もしかすると、そこに見つ
かるのは四十人かもしれません。」すると言われた。「そうはしない。その四十人のゆえに。」
[30]また彼は言った。「わが主よ。どうかお怒りにならないで、私に言わせてください。もし

かすると、そこに見つかるのは三十人かもしれません。」すると言われた。「そうはしない。もし、そこに三十人を見つけたら。」[31]彼は言った。「あえて、わが主に申し上げます。もしかすると、そこに見つかるのは二十人かもしれません。」すると言われた。「滅ぼしはしない。その二十人のゆえに。」[32]また彼は言った。「わが主よ。どうかお怒りにならないで、もう一度だけ私に言わせてください。もしかすると、そこに見つかるのは十人かもしれません。」すると言われた。「滅ぼしはしない。その十人のゆえに。」[33]主は、アブラハムと語り終えると、去って行かれた。アブラハムも自分の家へ帰って行った。

7月の第二主日の礼拝にようこそいらっしゃいました。ただいま、CSの先生から子ども向けファミリーメッセージとして、砂の上に建てた家と岩の上に建てた家のメッセージをしていただきました。風が吹き寄せ雨や水が押し寄せる時にも、私たちから奪うことの出来ないものがある。それはイエスさまが私たちに与えてくださった永遠の命です。そしてそれに相応しい生き方があるということ。本当に福音が語られたと思います。私の今日の聖書のメッセージとも響き合うところがあるなと思いながら聞いていました。今日の箇所にはアブラハムとロト、二人の人物が出てまいります。ロトもアブラハムも神さまを知っている人だった。けれどもその生き方はどうだったのか。神さまがおっしゃったように生きたのはどちらだったのか。アブラハムは堅固な岩の上に家を建てる、そのような生き方をした人物だった。一方、ロトは神さまを知っていたけれども、砂の上に家を建てるような生き方をした人のようです。その違いをもたらしたのは何だったのか。そんなことを思いながら聞かせてもらいました。今日は創世記の18、19章にかけてアブラハムとロト、この二人の生き方を見てまいりたいと思います。そのことを通して、私たちも岩の上に家を建てる人生をもう一度確認させていただきたいと思います。

先ほど読んでいただいたところは18章の後半。ここにはソドムの運命を巡っての神さまとアブラハムのやりとりが記されています。まず、ソドムがどれほど問題だったのかを見るために19章に目を向けていきたいと思います。神さまはソドムを滅ぼすことになさった、それは、そこに甚だしい悪があって、そこにある罪を神さまが憎まれたからでした。その罪深さは、甚だしいものでした。二人の御使いが、人のように見える姿でソドムに行きますけれども、その二人に町の全ての人びとが押し迫ってきた。性的な暴行を加えようということですから、これは、甚だしい罪です。しかもそういう暗闇の行為が人目の付かないところで行われているのではないんです。町の人びとと全てが公然とそれに加担している。ひどいありさまになっている。

罪とは何だろうか。罪とは的外れと言われますけれども、じゃあ人が生きるべき的って何なんだろうか。神さまはご自身のかたちに人を造ってくださった。愛し合うために、与え合うために造ってくださった。そのように生きるのが的に当たった生き方なんですけれども、その的から大いに外れてしまい、愛するためではなく自分の歪んだ欲望を満たすため、あるいは相手を支配するために互いを利用する。そのことがまさに罪です。ソドムで起こっていたのは、そのはなはだしい形だったのです。

戒めという言葉に私たちはアダムが感じたのと同じ反感のようなものを覚えるけれども、戒めというのは愛だということを覚えておかなければならないと思うんです。神さまは私たちが守られて喜びの中に生きることが出来るように「貪ってはならない」「姦淫してはならない」とか、そういうことを命じられているわけです。それは私たちを縛り付けるものではなく、むしろ本当の喜びの中に私たちを解放するものであると知るべきなんです。けれどもソドムではそうではなかった。ソドムだけではなくこの世界の色んなところで、私たちの生活はそういう誘惑に、そういう問題にいつもさらされていると思うわけです。世界の中には色んなハラスメントがあって——ソドムではもう暴行という領域ですけれども——、人を不当に支配したり、自分を押しつけ合ったりしている。そうやって自分が望まないことを人からされると心にいろんな痛みが残る、深い傷が残る。でも神さまはそういう私たちの悲しい性質を最初からご存じで、だから、私たちが互いを大切にするために戒めを与えてくださり、また良心を与えてくださった。なぜでしょうか。それは私たちがとっても大切だからです。神さまにとって大切なんです。大切な私たちを守るために、神さまは心を砕いてくださった。ところが私たち、神さまにとってどちらも大切な私とあなたとが互いを傷つけ合う、略奪し合う、利用し合う、弱い者を虐げる。神さまはそのことに怒りを覚えられる。「神さまの怒り」という言葉は、出来れば避けたいと思う言葉ですよね。神の怒りっていう言葉を聞くたびに恐ろしい気持ちになります。でも神さまは私たちがボロボロになって互いに貪り合って滅びていくことをどうしてもとどめようとなさる、そういう神さま。もしそこに怒りがなかったら、愛もない。そう思います。

いつも申し上げることですけれども、愛の反対は無関心です。もし神さまが私たちの中に横行する悪に対して、罪に対して怒らないお方だとするならば、それは無関心ということになります。でもそうじゃない。神さまは私たちに関心を持っておられる。御子イエス・キリストを遣わしてくださるほどに関心を持っておられますから、やっぱり怒られる。神の怒りは訳の分からない、理不尽な、ただ恐れなければならない怒りではなくて、愛と表裏一体の怒りであることを覚えたいと思うんです。神の怒りをただ避けようとするのではなく、神さまの怒りの中にある憐みを見分け、そのような神さまのお心を知る一人一人でありたいと思います。

ソドムには甚だしい罪の問題がありましたが、ロトにも問題があった。ロトはソドムの悪にどっぷりと浸かっていたわけではありません。彼は御使いが来たときに「この町の広場で寝るのはとても危険なので、どうか私の家に来てください」と見知らぬ旅人を心配して守ろうとします。ですから、他の人びとと同じように罪に染まっているわけではない。けれども罪からはっきりと別れている、離れているというわけでもないのです。そこに罪への鈍感さとでも言うべきものがある。これがロトの問題でした。

そもそもアブラハムと別れて住むことになり「お前が先に選びなさい」と言われたとき、ロトは見た目によく潤った、しかしソドムの含まれる低地を選んだ。その時にはソドムには住んでいなかったけれども、その後14章に記されている戦争の際にはいつの間にかソドムに住んでいて略奪にあっているのです。19章1節には「ロトはソドムの門のところに座っていた」とあります。当時、町の門というのは色々な相談や裁きが行われる場所で、そこに座っている人は町の中心的な人物であるわけです。ロトはソドムの町に馴染んでいた。町の人びとと同じような悪はしないんだけれども、しかし何が行われているかを知りながら、そこによく馴染んでしまい中心的な人物になっていた。また、ロトのふたりの娘たちはソドムの男性を婿にしていた。婿と言っても8節で「まだ男を知らない娘が二人います」と言われてますから、おそらく婚約していたのだろうと思われます。この婿たちはどういう人物だったか。人びとが御使いを襲おうとロトの家に押し寄せてきて、いざソドムから逃げなければならないという時に、ロトは外に出て行って婿たちを説得しようとしています。どうも、婿たちも押し寄せて来た人たちの中に混じっていたということらしい。ロトの二人の娘たちはそういう男性と婚約していたし、ロトがそれを許していたということです。

またロトはこの二人の御使いと家の中でかなりの時間を一緒に過ごしていたわけですけれども、彼らが御使いであることにかなり後まで気付いていないんですよね。ここにもアブラハムとの大きな違いがあると思います。罪に対して鈍感な人は、神さまに対しても鈍感なんです。だからとても悲劇的なことをする。自分を守ってくれる御使いを守ろうとして「好きなようにしてください」と自分の娘たちを差し出すわけでしょう。神的なもの、神さまに関わる事柄に対して何とも鈍いロトの姿がここにあります。だからソドムから逃げるように言われてもなお、ためらうわけです。19章15節で御使いが「さあ逃げなさい」と言うけれども、しかし彼はためらう。ためらっていたんです。そこで御使いたちは彼の手と彼の妻の手、二人の娘の手をつかんだ。そして彼らを連れ出し、町の外に置いた。ためらうロト一家の手をつかんで、神さまが御使いたちによって引き出してくださった。ここに本当に神さまのあわれみがあると思うのです。「彼に対する**主**のあわれみによる」と聖書はわざわざ記しています。神さまの大きなあわれみが、罪に対して鈍感であったロトをそこから引きずり出しました。

神さまに対する、また罪に対するこの鈍感さはロト一家に共通しています。「鈍い」というのはただ単に鈍いだけに止まらず「罪に蝕まれている」ということだと思います。神さまのことは確かに知っている。知ってはいるんだけれども、神さまとの交わりに深さがない。深さがないから信頼が薄い、実行が伴わない。岩の上に家を建てることが出来ないのです。ロトの妻はソドムが心残りで振り返ってしまい塩の柱になる。娘たちは子孫を残すために、もう本当に人間的な手段ですが、ロトを酔わせて子を残す。罪に対する鈍さがこういうところに現れ、罪につながっていく。だから罪に対する鈍さは決して見過してよいものではない。そう思わされるところです。

一方、アブラハムは違っていた。アブラハムは罪に対しても神さまに対してもとっても鋭敏なというのでしょうか、彼は神さまのことをよく知っているんです。前にも申し上げましたが、アブラハムは聖書の中で唯一「神の友」（ヤコブ2・23、イザヤ書41・8）と呼ばれた人物です。今週の週報の金言にはイザヤ書の方を載せておきました。

「だがイスラエルよ、あなたはわたしのしもべ。わたしが選んだヤコブよ、あなたは、わたしの友アブラハムの裔だ。」

神さまはイスラエルを呼ぶときに「私の友アブラハムの子孫だ」と、そういうふうに見てくださっている。余談ですが聖書はモーセについても「主は、人が自分の友と語るように、顔と顔を合わせてモーセと語られた」と書いていますす。神の友とは書いてないけれども、友に語るように語られたとある。そうするとモーセも神の友と言えるかもしれません。

「主はこう考えられた。『わたしは、自分がしようとしていることを、アブラハムに隠しておくべきだろうか。』」（18・17）

神さまは友であるアブラハムに、ソドムへの憂いを語ろうとされます。神さまにはアブラハムに語る義務があるわけではない、しかし語っておきたい。このアブラハムに知ってもらいたい。神さまの中にそういう思いがあるわけです。

一方のアブラハムも18章22節に「まだ主の前に立っていた」とあります。彼もまた神さまに語りたいことがあった。ソドムの滅びについて、ソドムの罪について、ソドムに居る人びとについて、アブラハムもまた神さまに語りたいと願っていた。ですから、この後の会話というのは神さまだけが望まれたものではない。アブラハムだけが望んだわけでもない。ソドムについての憂いや痛み、悲しみや怒りを語り合い、分かち合う。それを両者が望んだということです。そして、アブラハムは神さまにソドムの救いを懇願します。

「あなたは本当に、正しい者を悪い者とともに滅ぼし尽くされるのですか。……正しい者を悪い者とともに殺し、そのため正しい者と悪い者が同じようになる、というようなことを、あなたがなさることは絶対にありません。そんなことは絶対にあり得ないことです。全地をさばくお方は、公正を行なうべきではありませんか」（18・23、25）

神さまの正しさに訴えるわけです。そしてこの後に続く50人、45人、40人、30人、20人、10人というしつこいまでの執り成しは、アブラハムの命がけの執り成しであります。ですから何度も「あえて申し上げるのを許してください、どうかお怒りにならないでください」と言うのですが、彼の命がけの執り成しは神さまが嘉《よみ》せられる、良しとされることであった。神さまはソドムの中に正しい者が一人もいないことを最初からご存じだった。でも、会話を打ち切るようなことはされてないですよね。「正しい者は一人もいないんだから、いくら言っても変わらないんだから黙ってなさい」とは言われなかった。そうじゃなくて「そうか、50人だったら、45人だったら、40人だったら……」と語り合いを続けてくださる。いちいち付き合ってくださったのです。

罪を憎んで、さばきによって罪による苦しみを終わらせようとされる神さま。一方のアブラハムはその神さまに反対しているように見えます。さばきを止めようとするアブラハムは、表面的には神さまと正反対のことをしようとしているように見える。けれども、実は、両者の心は一つです。神さまもアブラハムも人びとへのあわれみに胸が熱くなり、心を痛めているんです。アブラハムにも罪に対する憎しみや怒りがあるけれども、もし正しい人がいるのならそういうふうに執り成さざるを得ない。ですからアブラハムの執り成しは、神さまに反抗しているんじゃない。そうじゃなくて、むしろ、深い部分で神さまのお心を代弁している。全ての人に対する神さまのあわれみを代弁している。神さまは、聖書でいつも描かれているように、罪に対する怒りと人びとに対するあわれみとの間ではらわたが痛むほどに苦しんでおられる。アブラハムは深いところでその神さまの心に寄り添っている。神さまがアブラハムに語りかけようとされたのはこういう会話を求めてのことだったと思います。そしてこのアブラハムとの会話によって、神さまは慰めを得られたと思うのです。私たちが神さまを慰めるなんて言い過ぎではないか、そこまで言って良いのだろうか、とも思います。でも「神の友」という言葉は、私たちが執り成し祈り、私たちの心がご自身のお心と同じになることを神さまが喜び、慰めとしておられることを示している言葉だと思います。神さまはソドムの滅びが避けられないことを最初から分かっていたんだけれども、それでもアブラハムと語り合うことを願われた。たとえ全ての人が神さまに無頓着であるとしても、少なくともここに一人の友、アブラハムがいることを喜ばれました。

もともと神さまが私たちをご自分のかたち、ご自分に似せて造られたのは、神さまと愛し合い神の友となるため、神さまと交わりが出来るためでした。だからやっぱり、私たちが神さまに交わりを願い出てその交わりの中に生きることは神さまの大きな喜びであり、慰めだと言ってかまわないと思います。

しかし罪への憎しみ、そして罪人へのあわれみを誰よりも大きく、誰よりも熱く表してくださったのは主イエス・キリストであったと思います。イエスさまは、私たちが滅びることがないように十字架に架かってくださった。そして罪のもたらす全ての呪いを、災いを十字架の上で取り去ってくださった。

昨日も「一年12回で聖書を読む会」で十字架の箇所を語り合いましたけれども、十字架は実に多くのことを成し遂げている。皆さんがよく知っている罪の赦しだけじゃないんです。罪は私たちの心に食い込み私たちを支配する強い力でもありますが、イエスさまは十字架の上でその罪と死の力を打ち砕いて私たちを解き放ってくださった。また、私たちは罪によって神さまと断絶されているけれども、十字架の上で神さまは和解を差し出してくださった。イエスさまが十字架の上で息を引き取られたとき、当時ユダヤの神殿の隔ての幕が真っ二つに裂け、神さまと出会える至聖所に全ての人が入れるようになった。神さまとの和解がもたらされたんです。また、私たちは罪から多くのダメージを受けていて、その傷が私たち自身の罪の引き金になることもあるけれども、十字架は罪の癒しももたらしてくださった。このように十字架を見るといかに多くの恵みがあるかを知ることができますけれども、同時に、私たちの内で罪がどれだけ破壊的な影響を及ぼしているかも知ることができると思うんです。神さまは、罪がもたらす全ての災い、呪いから私たちを遠ざけ、救い出したいと願っておられる。そのためにご自身の怒りと、またご自身のあわれみを、十字架の上で私たちのために注がれた。それを私たちは知っています。

「神が低地の町々を滅ぼしたとき、神はアブラハムを覚えておられた。それで、ロトが住んでいた町々を滅ぼしたとき、神はロトをその滅びの中から逃れるようにされた。」(19・29)

最終的にソドムは滅ぼされました。だったらアブラハムの執り成しは意味がなかったのか。私たちがどんなに祈ったとしても、実際には何の影響もないのか。そういうふうに私たちは思ってしまうかもしれない。けれども神はアブラハムを覚えておられた。アブラハムのあの祈りを、彼が神さまの前に立って祈り続けたあの祈りを神さまは覚えておられた、その結果がロトの救いなんだ、そういうふうにおっしゃるわけです。アブラハムが願った通りではなかったかもしれない。けれども神さまはその祈りを聞いてくださった。新約聖書には「正しい人、ロト」（第二ペテロ2・7）という言葉もあります。罪に対して鈍感ではあったけれども神さまはあわれみによってロトを逃れさせてくださり、正しい人と数えてくださった。だから私たちの祈りは無駄ではないし、神さまはそこから良い結果を必ず生み出してくださる。

ロトの子孫についても、19章の終わりではロトの娘はロトとの間に子をもうけるというとんでもないことが書いてある。その子たちが後にアモン人とモアブ人という部族になり、イスラエルの中に異教徒として悩みの種になるんだけれども、しかしそのモアブ人の中からルツが出てきた。そのルツはダビデのひいおばあちゃんになる女性ですね。そしてダビデの子孫からマリアの夫ヨセフが生まれる。そしてここがイエス・キリストの育つ家庭になるわけです。神さまは、どうにもならない罪の中からも、私たちの祈りに応えて善きことを取り出すことが出来る、そういうお方です。

先ほどは、聖書で神の友と呼ばれているのはアブラハムとモーセだけだというふうに申しましたけれども、イエスさまが友と呼んだ、そういう人びとがおります。それは私たちです。ヨハネの福音書15章を開いていただきましょう。しばしば開く箇所ですけれども、ここを読むときにあたたかいものが、喜びが、静かに溢れ出るのを覚えます。

「わたしが命じることを行なうなら、あなたがたはわたしの友です。」（ヨハネ15・14）

イエスさまは「私の命じることを行う者、岩の上に家を建てる者は私の友なのだ、アブラハムに等しい私の友なのだ」とおっしゃっています。じゃあイエスさまの命じられることって何なのか。神さまが命じておられることは世界の始まりから変わらない。神のかたちに、神に似せて造られた私たちが、互いに愛し合うことです。

「わたしがあなたがたを愛したように、あなたがたも互いに愛し合うこと、これがわたしの戒めです。人が自分の友のためにいのちを捨てること、これよりも大きな愛はだれも持っていません。わたしが命じることを行なうなら、あなたがたはわたしの友です。」
（ヨハネの福音書15・12〜14）

神を愛し、互いに愛し合う、その私たちを友と呼んでくださる。今から神の友としていただきましょうというのではありません。私たちはすでに友とされている。もうすでに神の友とされている。その私たちが、なお友であり続けるために、なおよき友であるために、神さまと罪に対する無頓着や鈍さの中に留まってはならないと思います。神のよき友でありたいと願う私たちは、御言葉と神さまとの交わりの内に、神さまがいかなるお方であるかを、なお知っていく者でありたいと思います。

アブラハムの二度目の失敗

聖書　創世記20章1～18節

1 アブラハムは、そこからネゲブの地方へ移り、カデシュとシュ
ルの間に住んだ。ゲラルに寄留していたとき、2 アブラハムは、自
分の妻サラのことを「これは私の妹です」と言ったので、ゲラルの王アビメレクは、人を遣わ
してサラを召し入れた。3 その夜、神が夢の中でアビメレクのところに来て、こう仰せられた。
「見よ。あなたは、自分が召し入れた女のために死ぬことになる。あの女は夫のある身だ。」4
アビメレクは、まだ彼女に近づいていなかった。そこで彼は言った。「主よ、あなたは正しい国
民さえも殺されるのですか。5 彼が私に『これは私の妹です』と言ったのではありませんか。彼
女自身も『これは私の兄です』と言いました。私は、全き心と汚れのない手で、このことをし
たのです。」6 神は夢の中で彼に仰せられた。「そのとおりだ。あなたが全き心でこのことをし

たのを、わたし自身もよく知っている。それでわたしも、あなたがわたしの前に罪ある者とな
らないようにした。だからわたしは、あなたが彼女に触れることを許さなかったのだ。7 今、あ
の人の妻をあの人に返しなさい。あの人は預言者で、あなたのために祈ってくれるだろう。そ
して、いのちを得なさい。しかし、返さなければ、あなたも、あなたに属するすべての者も、必
ず死ぬことを承知していなさい。」8 翌朝早く、アビメレクは彼のしもべをみな呼び寄せ、こ
れらのことをすべて語り聞かせたので、人々は非常に恐れた。9 アビメレクはアブラハムを呼
び寄せて言った。「あなたは何ということを私たちにしたのか。私がいったい、罪となるどんな
ことをあなたにしたというのか。あなたが、私と私の王国に大きな罪をもたらそうとするとは。
あなたは、してはならないことを私にしたのだ。」10 また、アビメレクはアブラハムに言った。
「あなたはなぜ、こんなことをしたのか。」11 アブラハムは答えた。「この地方には、神を恐れる
ことが全くないので、人々が私の妻のゆえに私を殺すと思ったのです。12 また、本当に、あれ
は私の妹、私の父の娘です。でも、私の母の娘ではありません。それが私の妻になったのです。
13 神が私を父の家から、さすらいの旅に出されたとき、私は彼女に、『このようにして、あな
たの真実の愛を私に尽くしてほしい。私たちが行くどこででも、私のことを、この人は私の兄
です、と言ってほしい』と言ったのです。」14 アビメレクは、羊の群れと牛の群れと、男女の
奴隷たちを連れて来て、アブラハムに与え、またアブラハムの妻サラを彼に返した。15 アビメ

レクは言った。「見なさい。私の領地があなたの前に広がっている。あなたの良いと思うところに住みなさい。」[16] サラに対しては、こう言った。「ここに、銀千枚をあなたの兄に与える。これはあなたにとって、また一緒にいるすべての人にとって、あなたを守るものとなるだろう。これであなたは、すべての人の前で正しいとされるだろう。」[17] そこで、アブラハムは神に祈った。神は、アビメレクとその妻、また女奴隷たちを癒やされたので、彼らは再び子を産むようになった。[18] 主が、アブラハムの妻サラのことで、アビメレクの家のすべての胎を堅く閉じておられたのである。

7月第三主日の礼拝にようこそいらっしゃいました。アブラハムについてしばらく取り上げておりますけれども、彼は信仰の父、神の友と呼ばれた、そういう人物です。でもアブラハムの人生を詳しく知らなかったら、「アブラハムは立派な信仰の持ち主なんですね。わかりました、見ならいましょう」と言うだけで済んでしまうかもしれないと思います。でもアブラハムは、いつも立派な信仰の持ち主だったのではありません。そんなアブラハムを、神さまが時間をかけて、手間を惜しまず成長させてくださった。それを見る時「こんな私たちもアブラハムを見ならって頑張りましょう」ということじゃなくて、こんな私たちを神さまが今、その御手の中に置いてくださっている、アブラハムに時間をかけてくださったように私たちにも時間をかけて成長させてくださっている、そのことにまず目を留めたいと思うんです。神さまを知っている私たちですけれども、今朝さらに深く神さまを見上げさせていただきたいと思います。

先週は、ソドムのために本当にあっぱれなとりなしをしたアブラハムの姿を見ました。神さまの前に立ちふさがるようにとりなして何度も何度もあわれみを請う、そういうアブラハムの姿。ところがですね、この20章のアブラハムにはそういう姿は見る影もない。これは妹だと言って自分の妻サラを他の男性の手に渡してしまう、そういうアブラハムです。これ、二度目なんですね。一度目はカナンに来たすぐ後にエジプトのファラオに対して、そして今度はネゲブでアビメレクという王に同じことをやっている。この20章のアブラハムは全く精彩を欠いていて、あまりことばを語ることもしていない。

この事件の全貌を見ようと思ったら、アビメレクの視点から見るとよく分かると思います。アビメレクはゲラルの王でした。ある日アブラハムという人が家族や家畜、しもべを連れてやって来るわけです。そしてアビメレクはサラという女性の美しさをどこかで見たんでしょう。2節から察するに多分、彼はアブラハムに「あなたと一緒にいるこの美しい女性は誰なのですか」と直接に聞いたんだろうと思います。アブラハムが「これは私の妹です」と言った。それでアビメレクは人を遣わし、使いをやってサラを召し入れた、とあります。つまり無理やりに暴力で、ということでは決してなく、礼儀を尽くして正式にサラを迎え入れたというわけです。ですから何も落ち度はないと思っていた。この後しばらくの間、アビメレクはサラに近づかないんです。後になってわかるんですが、神さまが守っていてくださったんです。そしてサラが来てから、アビメレクの領地に不思議なことが起こります。家中の女性が――アビメレクには妻もおりましたし、はしためたちもいるわけですけれども――だれも子どもを産まなくなった、妊娠しなくなった。それがわかるまでには、かなりの時間が経ったんじゃないかと思いますけれども、恐らくアビメレクは「これは一体どういうことなんだろう」と戸惑い迷っていたと思うんです。すると、ある夜寝ていたアビメレクに夢の中で神さまが語りかけてくださった。突然神さまに「あなたは死ななければならない」と言われたわけです。これには驚いたはずです。

アビメレクはもともとカナンに住んでいる人ですから、彼が信じていたのはカナンの偶像であるはずです。おそらく石に刻まれた農業の神のような、そういうものを信じていた。でもそれは偶像だから、先ほどのお証にもありましたけれども、何の気休めにもならないですよね。神ってそういうもんだと、彼はそれまで思っていたんです。ところが、自分に神さまが語りかけてきた。そしてその神はアビメレクがしたことを知っており、アビメレクに語りかけることができる生きておられる神さまだ、ということを知るわけです。不思議なことに、今度はアビメレクも神さまに語りかけます。語り合いが始まる。会話が始まる。今までアビメレクが知っていた神さまっていうのは、何かの都合で機嫌を損ねると雨を降らせなかったり、かと思うと降らせ過ぎたり、そういう何だかよく分からない神であった。しかしこの夜、アビメレクが会った神さまは、自分の機嫌で暴れるような神さまではない。一方的に決めつけて人を痛めつける神じゃない。そうじゃなくって、アビメレクが語ることを許す神さま。アビメレクの言葉に耳を傾けてくださる神さま。アビメレクと交わってくださる神さま。その神さまとの交わりの中で、自分がこれまでサラに触れなかったのが神さまの守りであることを知るのです。

「神は夢の中で彼に仰せられた。『そのとおりだ。あなたが全き心でこのことをしたのを、わたし自身もよく知っている。それでわたしも、あなたがわたしの前に罪ある者とならないようにした。だからわたしは、あなたが彼女に触れることを許さなかったのだ。』」（20・6）

「わたしの前に罪ある者とならないようにした」とあります。罪はそれがどんな罪であっても、神に対する罪であるということ。まずこのことを私たちは知る必要があると思います。人に対して罪を犯したけど、それは神さまに対してじゃないって私たちは思います。けれども、神さまは全ての人を私たちに与えてくださった、愛するために、愛し合うために与えてくださった。だから神さまが与えてくださった家族を愛さないということは、神さまのお心を痛めることであって神さまに対する罪なんだと、知る必要があると思います。アビメレクは、神の民ではない異教徒ですけれども、神さまはアビメレクを愛してくださって罪を犯すことがないように守ってくださった。アビメレクにはすでに妻がおりましたから、サラを迎え入れる、召し入れるというのは、本当だったら自分の結婚をおろそかにする明白な罪であるわけです。しかしそれはアビメレクの生きていた世界では当たり前のことで、彼はそれが罪だということを知らなかった。神さまは「それは罪だ」と言おうとすればできるんだけれども、アビメレクが届くことのできないような高い標準によって裁くことをなさらなかった。そうじゃなくて、アビメレクの立場にまで降りて来てくださり、アビメレクにわかるように語ってくださった。「実はサラには夫があるんだ、それだからその夫に彼女を返さなければならない。あなたもそう思うだろう。」そういう風に教えてくださいました。

こう見ていきますと、神さまがどれほどていねいなお方かが分かるんです。私たち一人一人が救われるために、どれほどていねいに導いてくださったでしょうか。先ほどのお証の中でも、神さまが全てのことを働かせて益としてくださったと言われていました。一枚のトラクトに目を留めさせてくださり、そのトラクトをずっと持っていることができた。そこにも神さまの大きなあわれみが、ていねいな取り扱いがあったことを覚えます。神さまは生きておられて、私たちに語りかけてくださる。そんなことは全然想像もしない私たちに届くために、どれほど多くのことを通して、一つ一つの出来事を通しててていねいに語りかけてくださったか。私たちの中に同じ人は一人もいません。神さまがそれぞれをていねいに扱って今ここに座らせてくださっている。御言葉に耳を傾けさせてくださっている。神さまはそういうお方であることを思います。神さまは、私たちが自ら罪を犯すことがないように——それでも罪を犯してしまう私たちだけれども——守ってくださっていた。私たちは、自分の知らないところで多くの罪から守られてきたと思います。そしてちょうど良いタイミングで私たちに語りかけ、罪に気付かせ、悔い改めをもってご自身に近づけるように導いてくださいました。

神さまは本当に、私たちをていねいに愛してくださるお方です。神さまはアビメレクの言葉にもていねいに耳を傾けてくださいました。アビメレクは神さまに事情をお話しする。もっともな正しい弁解だと思います。「サラは自分の妹だと、アブラハムは言いました。」アビメレクはサラにも「本当か」って確認したみたいですね。そうしたらサラも「アブラハムは私の兄です」と言ったんです。「だから私は知らないでこのことをしたんです、私の心はきよいのです」と訴える。そうしたら神さまは、まるでオウム返しのように、アビメレクの言葉を裏書きするように言われました。

「そのとおりだ。あなたが全き心でこのことをしたのを、わたし自身もよく知っている。」
（20・6）

新改訳2017で「全き心」となっているところが第3版では「正しい心」とありますけれども、神さまはアビメレクがそういう心をもってこのことをしたのを知っている、とていねいに答えてくださった。

アビメレクはここで神さまを知ります。神さまが本当にアビメレクを大切にして、アビメレクの言葉にさえていねいに耳を傾けてくださるお方であると分かった。そこで、その喜びをもってサラを返す。でも、ただ返しただけじゃないんです。

「アビメレクは、羊の群れと牛の群れ、男女の奴隷たちを連れて来て、アブラハムに与え、またアブラハムの妻サラを彼に返した。アビメレクは言った。『見なさい。私の領地があなたの前に広がっている。あなたの良いと思うところに住みなさい。』サラに対しては、こう言った。『ここに、銀千枚をあなたの兄に与える。』」（20・14～16）

銀千枚というのは大きなお金ですけれども、アビメレクはこれをアブラハムに与えた。「あなたが私との間に何もなかったことを証するものだ」というわけです。彼は多くのものを差し出しているんですね。ここを読む限りにおいては、神さまがそうしなさいと言ったというのはどこにも記されていない。おそらくアビメレクは自発的にこれらのことをしたのでしょう。それは何故だろう。ひとつには、ただ神さまを恐れたのでしょう。神さまに殺され、死んでしまうことを恐れた。そしてサラを返して、もうほうほうの体で逃げ出したと思います。「もうあなたのような人たちとは関わり合いたくない、早く出て行ってくれ」と思ったのかもしれない。しかし彼の中には、単なる恐れ以上のものがあった。何と言うか、神さまに対する慕わしい思いと言えば言い過ぎかもしれないけれども「この神さまは私を信頼してくださる、信頼できるお方だ、この神さまを信頼したい」というような思いがどこかにあったかもしれないと思います。

また16節で、彼は銀千枚を「兄に」与える。アビメレクの立場であれば「あなたが妻を妹だと偽ったから、私はこんな大変な目にあったのだ」ということで「あなたの夫」に与えた、と強調したいところです。しかしアビメレクは、まるでアブラハムの苦しい言い訳を受け入れたかのように、そしてそれにも一理あることを認めたかのように「あなたの兄」という言葉を使っている。そういうところを見ますと、アブラハムとアビメレク、いったいどちらが神の民なのかわからないような気がします。私たちも失敗する。今日の説教の題を「失敗につける処方箋」、つまり「失敗につける薬」というタイトルにしようかとも思ったんです。私たちも失敗する。クリスチャンも失敗する。アブラハムは2回失敗しましたけど、2回どころじゃない、私たちは失敗をする。そしてアビメレクがアブラハムに「あなたは何ということをしてくれたのか」とたしなめたように、私たちも「あなたクリスチャンでしょ、それなのにどうしてそうなの」ってたしなめられることがありますよね。そんな時、私たちはとても恥ずかしく思う。本当に申し訳ないと思って神さまからも隠れてしまいたいような、そんな思いになることがあります。こんなことだったら自分がクリスチャンだなんて知られてない方が良かったと思って落ち込んでしまうことがよくあると思うんです。失敗したり罪を犯したりする時に、クリスチャンは一体どうしたらいいのか。

アブラハムの二度目の失敗の原因は、一度目の失敗の原因と全く同じです。人を恐れた。神さまを信頼するんじゃなくてエジプトのファラオを恐れ、ゲラルのアビメレクを恐れた。しかも彼らは、本当はアブラハムが恐れていたような人ではなかったですよね。でもアブラハムは自分の中で恐れを作り出し、それを恐れた。一度目と二度目、全く同じことをやっているんですけれども、不思議なのはその間に実に沢山の出来事が起こっていることです。彼の信仰がもうちょっと成長してたっていいじゃないか、と思うぐらいの出来事が起こっている。ロトがさらわれて、アブラハムの一家がそのロトを不思議なように取り戻すことができた。星空の下へ連れ出されて、そして神を信じて義と認められた、そういうことも起こっている。あるいはその後、二つに裂かれた家畜の間を神さまが通ったのを彼は見ているわけですよね。身に割礼も受けた。ハガルとの間にイシュマエルを設けてしまうということもあった。

この人はそんないろいろな出来事からまるで何も学んでいないかのように同じ失敗をし

ている。こんなアブラハムを見るときに、私たちは何かがっかりするような気がします。20章にアブラハムの罪が記されていることに割り切れない思いがする。信仰の父、神の友がどうしてこうなんだろうと思うのです。ところが神さまはがっかりしておられない。神さまはがっかりしてアブラハムを投げ出されないのに気がつきます。諦めないんです。アブラハムの弱さをご存知で、それでもなおアブラハムに寄り添い、成長させ続ける。私たちは自分のことを棚にあげて「アブラハムは実にゆっくりとした成長ですね」と言いたくなるのですけれども、神さまはそれに付き合っておられるんです。時には素晴らしいアブラハムだけれども、時にはどっと落ち込んでいくアブラハムをも神さまは諦めない。私たちのことも同じように諦めないで、忍耐強く寄り添ってくださっている。私たちの最悪の罪を見ても、私たちの最悪の失敗を見ても、神さまは諦めることをなさらない。どんな恥ずかしい失敗のど真ん中にいるときであっても、それが私たちの糧となるようにともに耐えてくださる。クリスチャンじゃない人から「クリスチャンのくせに」と言われるようなときであっても、神さまはご自分の名が辱められるような言葉にともに耐え、ともにいてくださる。

二度目の失敗の時に、アブラハムと神さまとの間にどういうやり取りがあったのか、記されておりませんので分かりません。でも、ひょっとしたら神さまはアブラハムの罪を取り扱われたかもしれないとも思います。アブラハムは自分の弱さ、罪を神さまに申し上げ、神さまからそれを赦していただいたのかもしれない。アブラハムについては分かりませんけれども、私たちについてはなすべきことがはっきりしている。失敗する時、罪を犯す時に、イエスさまにそれを持って行く。イエスさまは十字架の上で完了したとおっしゃった。「完了した、もうあなたの罪は贖われた」とおっしゃってくださった。イエスさまがおっしゃったのだから、それは本当に完了しているのであって贖われている。私たちに起こるすべての罪についていて、どんな罪であっても神は真実で正しいお方ですから、十字架に持って行くならば私たちを贖ってくださる。

「もし私たちが自分の罪を告白するなら、神は真実で正しい方ですから、その罪を赦し、私たちをすべての不義からきよめてくださいます」(第一ヨハネ1・9)

アブラハムはこの罪の後、一体何をしたのか。アビメレクからは「あなたは何を考えてこんなことをしたのですか、一体どういうつもりなんですか」と言われますけれど、彼は祈るんです。アブラハムがアビメレクの家のために祈るんです。自分を責めているアビメレクの方が正しいんです。自分の方が恥ずかしいことしたんです。もう顔も向けられないような、そういう状況の中でアブラハムは、まあ何と言うか、神経が太いと思うぐらいの祈りをする。

「そこで、アブラハムは神に祈った」（20・17）

私のようなものは祈るに値しませんというのではなく、言い訳するのでもなく、神に祈っている。そして祈りは聞かれている。

「神は、アビメレクとその妻、また女奴隷たちを癒されたので、彼らは再び子を産むようになった」（20・17）

私はここを最初に読んだ時、何か奇妙な感じがしたました。そもそもアブラハムのせいでアビメレクは災いを受けたわけです。迷惑を被ったんです。それなのに、このアブラハムの姿は堂々とし過ぎているというのか、まるで悪びれていないというか、図々しいような、そういう気がした。だけど、神さまの恵みはやっぱり大きい。確かにアブラハムは罪を犯した。

アビメレクとアブラハム、どっちが罪を犯したか、どっちが罪人か。明らかにアブラハム。罪人のアブラハムが迷惑をかけた。アビメレクを本当に危険にさらした。ひどい罪を犯したんです。アビメレクに罪を犯させると分かっていながら、自分の身を守るためにやった。しかも2回目。本当に赦されないと思える罪なんだけれども、神さまはアブラハムを赦してくださって、その破れを繕ってくださった。神さまは、アブラハムをメソポタミアから召し出して連れ出した時に「地上のすべての民族はあなたによって祝福される」と仰いましたけれども、その約束に生じた破れもまた繕ってくださった。罪を犯したアブラハム。破れが生じたアブラハム。だけど、それも神さまがもう繕ってくださった。神さまが繕ってくださった以上、アブラハムは立ち上がることができる。もしアブラハムが「私はこの人に対して罪を犯したんだから、この人だけは、このアビメレクだけは祝福できません」と申し上げたら、そういうことを神さまは喜ばれないですよね。自分が罪を犯した相手であるアビメレクをアブラハムが祝福すること、これが神さまのみ心。アブラハムが一から十までみ心に従ったからじゃないんです。そうじゃなくて、神さまの恵みが不完全なアブラハムを通して世界に注がれる、これがみ心。神さまはアブラハムを通して世界を祝福するというみ心を持っておられて、それを実現していかれる。

私たちは失敗や罪を犯した時に座り込んでしまう。クリスチャンでない人に「それでもお前はクリスチャンなのか」と言われて、少なくともこの人にだけはもう福音を語ったり、祈ってあげたりできないと思うかもしれない。一箇所だけ新約聖書を開きましょう。主イエスは十字架におかかりになる前に、ペテロにこう仰いました。

「シモン、シモン。見なさい。サタンがあなたがたを麦のようにふるいにかけることを願って、聞き届けられました。しかし、わたしはあなたのために、あなたの信仰がなくならないように祈りました。ですから、あなたは立ち直ったら、兄弟たちを力づけてやりなさい」（ルカ22・31〜32）

イエスさまはペテロがこの夜三回ご自分を裏切ることをすでに知っておられた。それでも、ペテロの罪のためにも十字架にかかってくださり、ペテロの罪の赦しとそれ以上のものを差し出してくださった。ペテロの信仰がなくならないように、そして主イエスの恵みによってもう一度立ち直るようにと仰ってくださった。もう一度立ち直る。立ち直ってどうするのか。ペテロは立ち直ったけれども、赦されたけれども、自分の罪を抱え込んで生きていくのか。私はもうペテロ——岩という名に値しない者だと思って一生を生きていくのか。イエスさまはそうじゃないんだとおっしゃった。あなたは立ち直ったら他の兄弟を力づけてやりなさいとおっしゃった。他の人々をあなたが祝福しなさいと、そうおっしゃった。「あなたはペテロだ、岩だ」と言われたイエスさまのみ言葉、み心は変わることがない。罪を犯したペテロは、このイエスさまの祝福の約束によって立ち上がることができた。そして実際に祝福の通路として用いられていくわけです。

私たちが罪を犯したときの失敗の処方箋は何か。もう既にお分かりのことと思います。神さまは私たちの罪をも贖ってくださった、そして私たちを通して世界を祝福することを諦めておられない。クリスチャンというのは本当にすごい存在だと思います。クリスチャンがすごいっていうんじゃない。神さまは私たちがたとえ罪を犯したとしても、なお私たちを通して世界を祝福し続けてくださる。どんなに恥ずかしい罪人であったとしても、その弱さや罪をも用いて、すべてのことを働かせて益としてくださって、そこからまた神さまの恵みと福音、神さまがいかなるお方であるかをこの世界に伝えさせてくださる。私たちはこのことを知るべきであります。「立ち上がって、そして兄弟たちを力づけてやりなさい。私があなたを通してそうさせてあげよう」と。この朝も約束が差し出されています。

イサクとイシュマエル

聖書　創世記21章1～13節

1 主は約束したとおりに、サラを顧みられた。主は告げ
たとおりに、サラのために行われた。2 サラは身ごもり、
神がアブラハムに告げられたその時期に、年老いたアブラハムに男の子を産んだ。3 アブ
ラハムは、自分に生まれた子、サラが自分に産んだ子をイサクと名づけた。4 そしてアブ
ラハムは、神が命じられたとおり、生後八日になった自分の子イサクに割礼を施した。5
アブラハムは、その子イサクが彼に生まれたとき、百歳であった。6 サラは言った。「神は
私に笑いをくださいました。これを聞く人もみな、私のことで笑うでしょう。」7 また、彼
女は言った。「だれがアブラハムに、『サラが子に乳を飲ませる』と告げたでしょう。とこ
ろが私は、主人が年老いてから子を産んだのです。」8 その子は育って乳離れした。アブラ

ハムはイサクの乳離れの日に、盛大な宴会を催した。[9] サラは、エジプトの女ハガルがアブラハムに産んだ子が、イサクをからかっているのを見た。[10] それで、アブラハムに言った。「この女奴隷とその子を追い出してください。この女奴隷の子は、私の子イサクとともに跡取りになるべきではないのですから。」[11] このことで、アブラハムは非常に苦しんだ。それが自分の子に関わることだったからである。[12] 神はアブラハムに仰せられた。「その少年とあなたの女奴隷のことで苦しんではならない。サラがあなたに言うことはみな、言うとおりに聞き入れなさい。というのは、イサクにあって、あなたの子孫が起こされるからだ。[13] しかし、あの女奴隷の子も、わたしは一つの国民とする。彼も、あなたの子孫なのだから。」

7月の第四主日、暑い朝となりましたけれども、ようこそいらっしゃいました。アブラハムとサラの生涯をずっとたどってきましたが、ついに約束の子が生まれました。メソポタミアを出発してから25年です。サラはこの時90歳。長い年月の後、ついに実現した神さまの約束でした。後に新約聖書で、ペテロがサラのことを「妻たちの模範」と書いております。

「同じように、妻たちよ。自分の夫に従いなさい。たとえ、みことばに従わない夫であっても、妻の無言のふるまいによって神のものとされるためです。夫は、あなたがたの、神を恐れる純粋な生き方を目にするのです。あなたがたの飾りは、髪を編んだり金の飾りを付けたり、服を着飾ったりする外面的なものであってはいけません。むしろ、柔和で穏やかな霊という朽ちることのないものを持つ、心の中の隠れた人を飾りとしなさい。それこそ、神の御前で価値あるものです。かつて、神に望みを置いた敬虔な女の人たちも、そのように自分を飾って、夫に従ったのです。たとえば、サラはアブラハムを主と呼んで従いました。どんなことをも恐れないで善を行うなら、あなたがたはサラの子です。」（ペテロの手紙第一 3・1〜6）

このように、ペテロはサラのことを最上級とも言えるほめ言葉を使って記しております。サラは神に望みを置いてアブラハムに従ったのであり、神を恐れかしこむきよい生き方をしたのである、と書かれています。しかしどうでしょうか、ここまでサラの生涯をつぶさに見てきた私たちにとっては、この評価は少し高すぎるように思えます。サラが自分の女奴隷ハガルをアブラハムに与え、イシュマエルを生むようにさせたことを思い出します。みごもったハガルが女主人サラを見下げるような態度を取り始めた時、サラはアブラハムに「これはあなたのせいです」と言いました。「私に対するこの横柄さはあなたのせいです。確かにあの女奴隷をあなたに与えたのは私だけれども、彼女が私を見下げるようになったのはあなたのせいです。神さまが私とあなたの間をさばいてくださいますように」というわけです。アブラハムを責め、神さまにさばいてもらいたいと言う。もしかしたらサラは、アブラハムとハガルが子を設けて、まるで二人一緒になって自分をバカにしているんじゃないかという思いを抱いたのかもしれません。であるとすればサラが気の毒ですし、アブラハムを責めるのも無理もないという気もしますが、やはりペテロがサラの人生を「アブラハムを主と呼んで従いました」とまとめるのは少し褒めすぎじゃないかなという気がするわけです。

サラがアブラハムにハガルを与えるというのはとても人間的な手段でした。神さまに信頼することができなかった。そして「あなたのせいだ」とアブラハムを責める。とても理不尽ですけど、そういうふうに感情をぶつけざるを得なかった、ぶつけてしまった。そして「ハガルをあなたに任せる」とアブラハムに言われて、聖書によれば彼女はハガルを「苦しめた」。ハガルが出て行かざるを得ないぐらい、もういられないと思うくらい苦しめたのです。

そういうことを聞くと「サラの子たちはサラにならって柔和で穏やかな霊を持っている」というペテロの言葉はどうなのかなと思います。サラ自身に感想を聞いてみることができたら「いや、ペテロの言葉には身がすくむ思いです」と言うかもしれない。「私はとてもそんな人ではありませんでした。神に望みを置けないことも多かった。アブラハムに従わなかったことも多かった。神を恐れかしこむきよい生き方からははるかに遠かったことも多くて、恥ずかしい」と言うのではないかと思います。

それなのに、どうしてペテロはサラをそんなに高く評価したのでしょうか。聖書はすべて神の言葉。「ペテロの手紙」も神の言葉です。「サラはアブラハムを主と呼んで従った」、サラの人生はそういう人生だったと神さまが見てくださった。そのように評価してくださった。サラの生涯は、結局のところ神を恐れかしこむきよい生き方だったと、神さまがおっしゃってくださったのです。ここで間違えてはならないのは、神さまがサラの様々な罪を見なかったことにしたのではない、ということです。見なかったのでも、忘れたのでもない。そうではなく、サラの罪にも関わらず、サラをよしとしてくださった。「あなたはそれでよい」とおっしゃった、ということだと思います。

ミカ書には次のように書かれています。

「あなたのような神が、ほかにあるでしょうか。あなたは咎を除き、ご自分のゆずりである残りの者のために、背きを見過ごしてくださる神。いつまでも怒り続けることはありません。神は、恵みを喜ばれるからです。もう一度、私たちをあわれみ、私たちの咎を踏みつけて、すべての罪を海の深みに投げ込んでください。」（ミカ書7・18〜19）

海の深みにすべての罪を投げ入れる神さま。何となく私たちの罪を無かったことにするのではなく、はっきりとご自分の意思をもって海の深みに投げ入れてくださるのです。もう誰も拾い出すことができない深みに投げ込んでくださるのです。ご自分の責任をもって私たちの罪をはっきりと処理してくださるのです。それは私たちにはできない。自分の罪を自分で処理することはできない。私たちは自分の罪を思えば思うほど、ますます自分を責める思いが増していきます。ますます処理できなくなるのです。罪を処理することができるのは神さまだけです。そして神さまが処理してくださるならば、それはもう動かすことができない。決定された事柄です。

「罪の処理」という言葉は何か機械的に、平然と神さまが処理しておられるかのような印象を与えます。けれども、実際、神さまが私たちの罪を投げ込まれたのは海の底ではありません。十字架に投げ込まれたのです。イエス・キリストのうちに私たちのすべての罪を投げ入れてくださって、そして、神の御子が私たちの罪を引き受けてくださいました。御子は父から断絶され、そして滅びを経験する。そういう処理の仕方をしてくださった。そこには大きな痛みがありました。見捨てられなければならなかった御子の痛み、また見捨てなければならなかった御父の痛み。そこに二重の痛みがあることを覚えます。

何度かコーリー・テン・ブーム（Corrie ten Boom, 1892 – 1983）という女性のことを話したことがあります。オランダの方で、ホロコーストから守るためにユダヤ人を匿ったり逃がしたりしていた人です。彼女はユダヤ人の密告によって収容所に入れられます。そこでお父さんやお姉さんや家族が死んでいくわけです。ご本人は奇跡的に解放され、終戦後は世界中を回り「十字架によって罪は本当に赦される、その赦しは徹底的なのだ」ということを力強く語りました。彼女はよく「神さまはあなたの罪を深い海の底に投げ込んでくださいます」と語りました。ドイツでは、彼女に対して非常に冷酷だった強制収容所の元職員たちも集会に出てきたりしました。そういう人たちの前でも、彼女は臆することなく罪の赦しの完全さを語りました。「神さまが罪を取り扱ってくださるのは、本当にとことん扱ってくださる、とことんの赦しなのだ。聖書の言葉通りに罪を深い海の底に投げ込んでくださり、その後そこに『魚釣り禁止』という標識まで立ててくださる。だから、神さまが赦してくださった、処理してくださった罪を自分で釣り上げて、何度も繰り返し矯《た》めつ眇《すが》めつ眺めるようなことがあってはならない。『神さまに赦されたと言われるけれども本当はどうなのだろう。まだ神さまに喜ばれていないのではないだろうか。まだ罪の処理は済んでいないのではないか。』そうつぶやき続けてはならない。」彼女はそう語ったんです。

神さまは私たちの罪を贖われます。私たちの罪をご自分ですべて引き受けてくださり、完全に処理してくださり、そのことを私たちに信じさせてくださるのです。サラは25年もの長い間、神さまに従い、またアブラハムに従いました。けれども、それはサラが従ったというより、神さまがサラにそういう信仰を与えて従わせてくださったということです。サラは恵みによって支えられていただけにすぎない。サラには罪があり、不信仰もあった。アブラハムにも罪があり、不信仰があった。でも神さまは彼らの破れを繕い続けてくださり、サラの１２７年の生涯を全うさせてくださった。破れがなかったわけではない、破れは確かにあった。けれども、それにも関わらず、神さまが全うさせてくださいました。そして１２７年の生涯をまとめて「神を恐れかしこむきよい生き方」と言ってくださった。完全とは言えない従順です。様々な罪がありました、問題がありました、恐れもあった。それでも神さまは「どんなことをも恐れないで善を行った」と、そのようにみなしてくださいました。神さまというのはそういうお方です。

私たちにも破れがいっぱいあります。神さまは私たちに信仰を与え、その信仰を生きる私たちを喜んでくださいます。イエスさまは癒しの時、しばしば「あなたの信仰があなたを救ったのだ」とおっしゃいます。「あなたの信仰があなたを救った」と褒めてくださるのですが、その信仰はどこから来たのでしょうか。イエスさまが与えてくださった信仰です。それを「あなたの信仰」と呼んでくださり、喜んでくださる。イエスさまはそういうお方です。今朝も、神さまは私たちの信仰を喜んでくださっています。「私は神を恐れかしこむきよい生き方をしている」などと自分ではとても思わないし、そう言うこともできないですけれども、神さまはあなたの信仰、そしてあなたの生き方を本当に喜んでいる。「わたしは喜んでいる、あなたを喜んでいる、今日も喜んでいる。」そうおっしゃってくださるお方だということを覚えたいと思います。ですから「サラは立派な信仰者だけれども自分はそうではない」と思わないでください。そうではなく、サラに与えてくださったのと同じ信仰を、神さまは私たちにも与えてくださっています。サラは神さまの助けによって何とか従うことができきた、全うすることができた。そのように神を恐れかしこむきよい生き方をする時、私たちの生涯の終わりに神さまは「わたしの子よ、あなたは力がないにもかかわらずよくやった」と言ってくださるのです。

さて、創世記に戻りましょう。90歳でイサクを生んだサラは笑うのです。

「サラは言った。『神は私に笑いを下さいました』」（21・6）

ここはなかなか翻訳が難しい箇所です。古い聖書（新改訳第3版）では「神は私を笑われました」とありましたが、今読んだのは『新改訳聖書２０１７』という一番新しいものです。「神は私に笑いをくださいました。」これは非常に良い訳だと思います。神さまはサラに笑いをくださった。イサクという名前の意味は「笑い」です。神さまはサラにイサクをくださった。そしてその名の通り、笑いをくださったのです。サラは笑うことができました。子どもたちは私たちを笑わせます。この教会でも2歳のAちゃんが入ってくるとすぐにわかる。みんな喜びます。みんな笑う。それはただAちゃんが可愛いということだけではないのです。

幼子には私たちの心を神さまに向けさせる何かがあると思います。私たちが幼子を見る時に思うのは、その子に注がれている神さまの守り、神さまの祝福。何もできない、弱く小さな幼子が守られ祝福され楽しそうにしている。それを見ると、やっぱり神さまは良き目的のために私たちを造ってくださったのだ、そして良き世界を造ってくださったのだ、ということを感じることができる。だから私たちはそういう時に微笑み、笑います。

サラはイサクを産んだ時、今まで生きてきた世界がまるで新しい世界のように感じられたのかもしれません。それはただ単に待望の子どもが与えられたからというだけではありません。神さまがこの世界に対して持っておられ、進めておられる大きな素晴らしいご計画の中に自分もまた生かされている。そういう喜びを味わったのです。神さまはこの世界を顧みてくださり、アブラハムの子孫を通して世界を祝福するとおっしゃった。そのご計画の第一歩、イサク誕生にこの自分が関わることができた。そのことを本当に喜びました。サラは「神は私に笑いを下さいました」に続いて「これを聞く人もみな、私のことで笑うでしょう」と言います。人々は笑うかもしれない、笑うでしょう。その笑いというのは、90歳にもなって子供が生まれたという呆れたような、嘲りに近いようなものなのかもしれない。そういう笑いかもしれない。でもだからといってサラは恥ずかしいとは思わないのです。それでもサラは笑うのです。ちがう種類の笑い、呆れたような笑いとはちがう笑い、神さまのご計画に与かっていることを喜ぶ笑いを、サラは笑うことができる。他の人々のコソコソ笑いとは違って、本当に心晴れやかに神さまとともに笑う。そういう笑いを、サラは神さまからいただきました。私たちにも神さまは笑いをくださいます。神さまがご自分の計画に私たちを加えてくださっているから、私たちは神さまとともに笑うことができるのです。喜びの笑いを笑うことができるのです。

今週の家庭集会では、いつもと少しちがうことをやってみようということで、三浦綾子さんの出てくるドキュメンタリー映像を見ました。最晩年の三浦綾子さんが講演会で語っているシーンが出てきます。かなり体調が悪い中でなんとか講演しておられます。彼女は生涯様々な病に苦しんだ人です。20代から30代にかけての13年間は肺結核で苦しみ、その後半の7年間は肺結核の結核菌が背骨に入り、脊椎カリエスという病気にかかり、ギブスベット（ベッドそのものがギブスになって身動きできないようなもの）の中に入っていたわけです。三浦綾子さんは講演会で「そのころのことです」と語り始めます。ギブスベットで寝ている綾子さんの所に、いつものように牧師が訪ねてきてくれた。その時、綾子さんが牧師に聞いてみたというのです。「こんな寝たきりの私のような病人にも生きている価値があるのでしょうか。」それはたんに価値があるかどうか知りたいという好奇心から出た質問ではないと思います。当時は独身で堀田綾子さんでしたが、堀田家は10人兄弟で豊かではありませんでした。そういう中で綾子さんは、家族が食べられない白米や肉を自分だけが食べて栄養をつけなければいけない。それに自分には医療費が多くかかる。そういうことを思い悩みながらの言葉ではなかったかと思います。その時、牧師は彼女に「綾子さん、神さまは愚かな方ではありませんよ」そう答えた。「神さまは必要ない人間を造るほど愚かではありません。すべての人にはそのために造られた使命がある。」そう言ったというのです。綾子さんは、その時はわからなかった。わからなかったけれども、そうかなと思った。後にその病が癒され、小説を通して多くの人を救いに導くことになるわけです。

すべての人には造られた使命があります。神の国のために造られた使命があります。でも神さまの大きな計画というのは何世代も何十世代もかかって進んでいくので、今ここでその全貌は見えませんし、今ここで自分がどういう役割を果たしているのかわからないことも多いのです。サラは、出エジプトの時にイスラエルを指導したわけではありません。それをしたのはモーセです。サラがエルサレムを都にしたわけでもない。それをしたのはダビデです。あるいはサラが世界の罪を贖ったわけではない。それをしてくださったのはイエスさまです。サラがしたことは、ただイサクを生んで育てた。そういう意味ではすべてのお母さんたちがやっているのと同じことをしたのです。けれども、そのイサクの子孫からモーセが生まれ、ダビデが生まれ、そしてマリアの夫ヨセフが生まれ、ヨセフが主イエスを育てることになるわけです。私たちも今いる場所で与えられている使命をきちんと忍耐強く果たして仕えていくことです。目に見える結果がすぐに現れるとは限りません。けれどもこんな私たちを、神さまはご自分の大きな計画のためにお用いになることができます。大きな建物ほど、地下には基礎となる杭がしっかりと入っているそうです。一旦建物が建ってしまえば、杭は誰にも見えません。けれどもその見えない杭が建物を支えています。私たちが密室で捧げる祈りも、人しれず流す涙や汗も、見えないところで神さまの大きな計画のために用いられていくということを覚えて歩んでいくことができるようにと思います。

さてこのイサクが生まれた時、既にそこにはイシュマエルがいました。おそらく13から14歳になっていたはずです。ある時サラが二人を見ます。9節です。

「サラは、エジプトの女ハガルがアブラハムに産んだ子が、イサクをからかっているのを見た。」（21・9）

イサクは、この後を見れば分かるのですが、おとなしい性格の子です。一方のイシュマエルは大人になってからは荒野に住んで弓を射る者、狩人になったということですから、もしかしたら元気すぎるぐらい元気な子どもだったのかもしれません。そのイシュマエルがイサクに接してからかっている。その態度がサラに不安を抱かせる。ひょっとしたら自分たちの死後、この元気なイシュマエルがおとなしいイサクを押しのけて取って代わろうとするかもしれない。あるいは当時、長子は他の兄弟の二倍の遺産をもらうことになっていましたから、イシュマエルが「自分の方が先に生まれたのだから長子は私だろう」とアブラハムの財産の三分の二を取ってしまうのではないかと心配したかもしれません。そこでサラはアブラハムに、イシュマエルを追い出すようにと言います。アブラハムは非常に悩みます。しかし神さまはその時、アブラハムにおっしゃいました。

「その少年とあなたの女奴隷のことで苦しんではならない。……あの女奴隷の子も、わたしは一つの国民とする。彼も、あなたの子孫なのだから」（21・12、13）

神さまは苦しんではならないとおっしゃった。そして私が彼らを養う。イシュマエルからも一つの国民、大きな子孫を起こすとおっしゃった。神さまがイシュマエルを引き受けてくださいました。この後、ハガルとイシュマエルはパンと水を与えられて追い出されます。そして死んでしまいそうになるそのところで神さまが助けてくださり、その後も守られていくわけです。神さまのもともとのご計画から言うならば、イシュマエルは計画には入っていなかったと言わざるを得ません。神さまのもともとのご計画はサラとアブラハムの間に子を生まれさせることであり、その男の子を通して世界を祝福することでした。そういう意味では、人間の弱さと罪によってもともと神さまのご計画にはないことが起こってしまったわけです。けれども神さまは、たとえご自分の計画外の出来事が起こったとしても、うろたえることはありません。ご自分の計画がひと時妨げられたように見えても、それを諦めたりすることはなさらない。神さまの全能というのはそういうことです。神さまはご自分の決めた通り全部、一つの狂いもなく遂行しなければ次の段取りがわからないという、そういうお方ではありません。状況がどんなにか思いもよらない方向に変わって行ったとしても、それでも最善の対応をすることができるお方です。むしろ人間が余計なことをして、余計な判断をして、罪を犯して、神さまがしなければならない課題が増えたとしても、そこをもっと大きな計画でくるんで元の計画よりもっと素晴らしい、大きくて豊かな結果をもたらすことができるお方。それが神さま、全能の神というお方です。

私たちも罪によって神さまのもともとのご計画からはみ出してしまうことがあるかもしれません。そんな時、私たちは「こうじゃなかったら良かったのに」「あんなことさえしなければ、こんなふうに悲しむことも、誰かを傷つけることもなかったのに」と情けなく、悲しく思います。どうしたらよいかわからないとうずくまってしまうわけです。そんな時でも「神さまは私たちの罪の結果をもみ手の内におさめてくださるお方である」ということ、これを私たちは信じるべきです。もちろん罪を犯したならば悔い改めなければなりません。はっきりと赦していただかなければならないと思います。またなぜそういうことになったのかを振り返って反省し、私たちに直すべきところがあるのであれば直していかなければならないと思います。それでも悔い改めて修正を加えたならば、その後はすべてを神さまのみ手に委ねて大胆に生きるべきです。自分を責め続けて、自分を小さなところでまとめあげようとしてはならないのです。たとえ神さまのご計画の外にはみ出てしまったとしても、神さまのみ手からはみ出してなどいないことを私たちは知るべきであります。信仰者は大胆に生きることができます。そして神さまはその大胆さを喜ばれ、励まし、私たちとともに働いて、さらに豊かなご自身のみ心を達成してくださる。それを信じ、またともに歩み出したいと思います。

ひとり子さえ惜しまないで

聖書　創世記22章1〜18節

1 これらの出来事の後、神がアブラハムを試練にあわせ
られた。神が彼に「アブラハムよ」と呼びかけられると、
彼は「はい、ここにおります」と答えた。2 神は仰せられた。「あなたの子、あなたが愛し
ているひとり子イサクを連れて、モリヤの地に行きなさい。そして、わたしがあなたに告げ
る一つの山の上で、彼を全焼のささげ物として献げなさい。」3 翌朝早く、アブラハムはろ
ばに鞍をつけ、二人の若い者と一緒に息子イサクを連れて行った。アブラハムは全焼のささ
げ物のための薪を割った。こうして彼は、神がお告げになった場所へ向かって行った。4 三
日目に、アブラハムが目を上げると、遠くの方にその場所が見えた。5 それで、アブラハム
は若い者たちに、「おまえたちは、ろばと一緒に、ここに残っていなさい。私と息子はあそ

こに行き、礼拝をして、おまえたちのところに戻って来る」と言った。6 アブラハムは全焼
のささげ物のための薪を取り、それを息子イサクに背負わせ、火と刃物を手に取った。二人
は一緒に進んで行った。7 イサクは父アブラハムに話しかけて言った。「お父さん。」彼は
「何だ。わが子よ」と答えた。イサクは尋ねた。「火と薪はありますが、全焼のささげ物にす
る羊は、どこにいるのですか。」8 アブラハムは答えた。「わが子よ、神ご自身が、全焼のさ
さげ物の羊を備えてくださるのだ。」こうして二人は一緒に進んで行った。9 神がアブラハ
ムにお告げになった場所に彼らが着いたとき、アブラハムは、そこに祭壇を築いて薪を並べ
た。そして息子イサクを縛り、彼を祭壇の上の薪の上に載せた。10 アブラハムは手を伸ばし
て刃物を取り、息子を屠ろうとした。11 そのとき、主の使いが天から彼に呼びかけられた。
「アブラハム、アブラハム。」彼は答えた。「はい、ここにおります。」12 御使いは言われた。
「その子に手を下してはならない。その子に何もしてはならない。今わたしは、あなたが神
を恐れていることがよく分かった。あなたは、自分の子、自分のひとり子さえ惜しむことが
なかった。」13 アブラハムが目を上げて見ると、見よ、一匹の雄羊が角を藪に引っかけてい
た。アブラハムは行って、その雄羊を取り、それを自分の息子の代わりに、全焼のささげ物
として献げた。14 アブラハムは、その場所の名をアドナイ・イルエと呼んだ。今日も、「主

の山には備えがある」と言われている。[15]主の使いは再び天からアブラハムを呼んで、[16]こう言われた。「わたしは自分にかけて誓う——主のことば——。あなたがこれを行い、自分の子、自分のひとり子を惜しまなかったので、[17]確かにわたしは、あなたを大いに祝福し、あなたの子孫を、空の星、海辺の砂のように大いに増やす。あなたの子孫は敵の門を勝ち取る。[18]あなたの子孫によって、地のすべての国々は祝福を受けるようになる。あなたが、わたしの声に聞き従ったからである。」

8月第一の主日、聖餐礼拝にようこそいらっしゃいました。アブラハムの生涯を辿って参りましたけれども、この箇所が最大のクライマックスだと思います。私はこの箇所を読みました時、強烈な違和感を覚えました。初めて聖書を読んだ時からいろいろつまずくところ、わからないところが多かったといつも申し上げますけれど、とりわけこの箇所は神さまがせっかく生まれたイサクを全焼のささげものとして献げるようにアブラハムに言うところです。全焼のささげ物というのは、例えば羊を刃物で屠り、火で焼いてしまうことです。神さまはどうしてそのようなことをアブラハムにお命じになるのか。ひどいじゃないか。どなたもそのように思われるのではないでしょうか。私もそう思いました。しかもその理由は一言しか書かれていません。

「これらの出来事の後、神がアブラハムを試練にあわせられた」（22・1）

これだけです。この言葉にさらに違和感を覚えます。神さまがアブラハムを試みたというのです。彼がご自身に従うかどうか試験した、その試験に合格したからイサクを返してもらえた。私は初めて聖書を読んだとき、そういうことだと思ったわけです。そして結局、アブラハムは神さまに従い、イサクは返ってきました。では、それまでの数日間の苦しみ、そして痛みには一体どんな意味があったのでしょうか。全く不必要な痛みのように思えます。

この箇所は、よく聖会などで語られる箇所です。信仰者に対して「あなたのイサクは何ですか、あなたのイサクを献げなさい」と迫っていくようなメッセージをよく聞きます。しかし聖書全体を通し、また私自身の実際の信仰生活での体験を通し、神さまとはどのようなお方であるのかが少しずつわかってきました。それにつれて、この箇所も神さまの愛の物語として聴くことができるようになってきました。

まず第一に、この出来事は試験ではない。最初にここを読んだ時、あまりよく読まずに勝手に試験だと思ってしまったわけです。しかし試験ではなく、試練。合格か不合格かを決めるのが試験です。ふるい落としていくのが試験です。でも試練はそうではない。試練には「練る」という意味を持つ「練」という字がついています。試練の目的は訓練です。試練は人を成長させるためのものだということです。実際、これまでアブラハムの長い生涯を通して神さまは何をしてこられたか。アブラハムを成長させてこられたのです、訓練してこられたのです。メソポタミアを出てからイサク誕生までの25年間、そしてこの時点までの10年余りの間、いろいろなことを通して、神さまはアブラハムを手塩にかけて育ててこられた。彼の信仰を成長させてこられました。そして今、イサクが順調に成長していくように見えたこの時、神さまはアブラハムにもう一つの訓練が必要だとお考えになりました。ある課題のために、アブラハムに試練を与える決心をなさいました。アブラハムを苦しめるためではなく、むしろアブラハムが成長し、幸いになるために必要な試練であったと思うのです。神さまは不必要な苦しみを与えるようなお方では決してありません。これは、神さまというお方に対する私たちの根本的な確信だと思います。

アブラハムのこの時の課題は何だったのか。それはイサクそのものでした。イサクがアブラハムの課題になってしまいました。待ちに待った一人子のイサク。目の中に入れても痛くないイサク。そんな約束の子が生まれて育っていく時に、アブラハムの中にイサクに対する執着のようなものが生まれてきました。もちろん親が子を愛するのは当然のことであり、ある種の執着を持つということも当然のことだろうと思います。けれどもこの場合、アブラハムの執着は度を越していました。イサクを偶像としてしまうような執着が起こってきたのです。神さまよりもイサクを大切にしてしまうのです。イサクとともに神さまに仕えていくというより、神さまをイサクのために仕えさせる、そのような「何が何でも」という執着が生まれてきたようです。教団（日本イエス・キリスト教団）が毎月発行している「月刊ベラカ」という小冊子があります。今月号に千里聖三一教会の金井由嗣先生のメッセージが載っていました。金井先生はちょうど今日の箇所から「アブラハムはイサクに関する個人的な願望、個人的な願いに入り込み過ぎていた」と書いておられます。すでに高齢だったアブラハムはイサクがどんどん成長していくのを見たいと願った。イサクが結婚し、孫が生まれ、自分の後を継いで行くのを見たいと願ったのでしょう。当然の願いでしたけれども、それが深く入り込み過ぎていたのです。いつも私が用いている言葉を使うならばアブラハムはイサクを「強く握りしめ過ぎていた」のです。イサクが窒息して霊的生命が絶たれてしまうような、あるいはアブラハム自身の霊的生命が絶たれてしまうような強すぎる握り方をしていたというのです。

それによってなおざりにされてしまったことがありました。それはアブラハムが選ばれ、イサクが与えられたそもそもの目的です。アブラハムとその子孫を通して地のすべての国々、世界のすべての人びとが祝福を受ける。彼にはそのような使命があったのです。アブラハムの元の名前はアブラム、高い所の父という意味です。けれども神さまが「あなたはアブラハム、多くの人びとの父だ」とおっしゃってくださいました。全ての人びとの祝福の通路となるためのアブラハムでした。ところが今、彼は多くの人びとの父というよりイサクだけの父になってしまっていたのです。そうなるとアブラハムが神さまにもらった使命を、イサクが自分のものとして継承できなくなるわけです。この一族の生き方が変わってしまいます。どう変わってしまうのか。すぐに思いつくのは、これはこの後でアブラハムの子孫にも実際に、しかも度々起こることですが、イサクが使命を忘れ、身近なところにいるカナンの魅力的な女性を伴侶に選んでしまうということです。そうなると家庭に偶像が持ち込まれ、神さまの使命が忘れられ、神さまに対する信仰が損なわれていく。こういうことが実に簡単に起こるわけです。この危機が目前に迫っていたと思うのです。ですから神さまにとってこれは、決して見過ごすことができない問題でした。アブラハムのためだけではなく、イサクのためだけでもなく、私たちも含めた世界の全ての人びとのために、どうしても見過ごすことができないことでした。

「イサクを献げなさい」と神さまが平気でお命じになった、というふうに考えてはならないと思います。神さまはアブラハムとイサクを愛しておられました。アブラハムのイサクに対する愛をよくご存知でした。イサクを献げなさいと言われた時、アブラハムがどれほど苦しむかもご存知でした。そしてアブラハム以上に神さまご自身が苦しまれ、腸がねじれるほどに痛んで、痛みつくされた。この命令はその後に発せられたに違いないと思うのです。私たち夫婦にもこのことは良くわかります。8月という月、実はこの月がやって来るのを恐れているようなところがありました。娘の美和を天に送ってからもう一年経ってしまうというのが何とも怖いような思いがしました。一年経ったならば次は二年になる、三年になっていく、そのように美和に会えない時間が積み重なっていくことを恐れるような思いがありました。時間が経たなければいいのに、一年経たなかったらいいのに。本当に、そのような思いもありました。しかし神さまは、私たちよりももっと美和のために痛んでくださっているお方です。今も美和は神さまの愛に包まれている、私たちもまたその愛に包まれている。悲しみと同時にそのこともまた、変わることなく私たちの内にあるのです。神さまはそういうお方です。私たちが痛む時、神さまは私たちより以前に、私たち以上にすでに痛みつくしてくださっているお方だと覚えておきたいと思うのです。

神さまからの命令があった夜、アブラハムはどのように過ごしたのでしょうか。嘆いただろうか、悲しんだだろうか、「それだけは許してほしい」と神さまに叫んだのだろうか。聖書は何も記していません。何も記していないからなおさら、どのような思いがあったのかとその悲痛な思いを想像させられます。しかし、この後のアブラハムの行動には迷いがありません。この時、それまでイサクを固く握りしめていた力を緩めます。そして、今までの彼がそうであったように、神さまを第一とする生き方を取り戻していくのです。

「翌朝早く、アブラハムはろばに鞍をつけ、二人の若い者と一緒に息子イサクを連れて行った」(22・3)

躊躇なく、朝早く旅立つのです。三日間の旅の間もためらう様子はありません。そして神さまが指定されたモリヤの山の麓に行った時、二人の若者をそこに残して行ったとあります。よく言われるのは「若者二人を山の上まで連れて行ったならば、その瞬間にきっと止めようとするだろう、そうさせないために置いていったのだ」という説明です。そうかもしれません。この後、アブラハムは不思議な言葉を何度も語ります。二人の若者に対しては、

「おまえたちは、ろばと一緒に、ここに残っていなさい。私と息子はあそこに行き、礼拝をして、おまえたちのところに戻って来る」（22・5）

その後、イサクがアブラハムに「全焼のささげ物にする羊は、どこにいるのですか」（7節）と訊ねたときには

「わが子よ、神ご自身が、全焼のささげ物の羊を備えてくださるのだ」（22・8）

と答えています。これらの言葉を見るとアブラハムはまるで「身代わりの羊が用意されているに違いない、だからそれを献げてまたイサクとともに帰って来よう」と期待していた、予想していたようにも思えます。ところが山の上に到着した時、そこには身代わりの羊は見当たりませんでした。そういう意味で、アブラハムの期待や予想は外れた、と言えるかもし

れません。しかしその時アブラハムは「身代わりの羊がないなんておかしいじゃないか、そんなはずじゃなかった」ということも言わないのです。

「アブラハムは手を伸ばして刃物を取り、息子を屠ろうとした。」（22・10）

この時、アブラハムは一体何を考えていたのでしょうか。神さまも、このことについては何らかの答えが必要だとお考えになられたでしょう。新約聖書のヘブル人への手紙の中にこんなことが書かれています。

「信仰によって、アブラハムは試みを受けたときにイサクを献げました。約束を受けていた彼が、自分のただひとりの子を献げようとしたのです。神はアブラハムに『イサクにあって、あなたの子孫が起こされる』と言われましたが、彼は、神には人を死者の中からよみがえらせることもできると考えました。それで彼は、比喩的に言えば、イサクを死者の中から取り戻したのです」（ヘブル11・17〜19）

イサクが死んでも神さまは彼を死からよみがえらせることができる。アブラハムはそう考えたと説明されています。アブラハムは、新約に生きる私たちと違って主イエスの復活を知りません。そのアブラハムが死からのよみがえり信じることができた、考えることができたというのは不思議に思います。ヘブル人への手紙は「イエスさまより前のことだけれど、神さまはイエスさまの型として彼の中にそういう考えを与えられたのだ」と言い表していいます。「神さまは人を死者の中からよみがえらせることができる」とアブラハムがどの程度理解していたかは分かりません。けれども、ひとつはっきりしていることがあります。それは、アブラハムが「主の山の上には備えがある」と信じて歩み続けたことです。主の山の上に登った時、羊が見つからないことによって、そこで彼の信仰は終わらなかったのです。羊が見つからなかったとしても、それでもさらなる備えがあるのだと彼は信じ、歩み続けました。普通に考えればイサクが跡継ぎだということと、イサクを献げなさいというのは矛盾しているわけです。献げたら跡継ぎにはならないのです。しかしアブラハムは「主の山の上には備えがある」と信じ、信じ続けたのです。山の麓では、上に行ったら羊がいるのだ、そのように信じて山を登りました。山の上で羊を見つけることができなかった時にも、主にはまだ備えがあると信じることができました。それがどういう備えであるか、はっきりとは分からなかったと思います。でも自分には分からなくても、はっきりと分からなくても「主の山には備えがある」、そう信じて歩みました。「神さまがこうしてくださるから、こうなって、ああなって」と分かっていて、だから従ったということではありません。私たちにとっても「ここがこうでこうなる」という理屈が分かっているのと、実際に足を踏み出すのとは別なことです。アブラハムはかつて、あの満天の星を見て神さまを信じ、義とされました。神をアーメンとしました。神さまが何をなさろうと、何をおっしゃろうと、神さまをそのまま受け入れ、神さまの存在そのものをアーメンといたしますと言いました。その信仰がもう一度、アブラハムに与えられたのです。どのようにしてイサクを返してくださるのかわからないけれども、ただ神さま、あなたはアーメンですと言って信じました。

創世記22章に戻ります。神さまは御使いを通してアブラハムに語られます。

「その子に手を下してはならない。その子に何もしてはならない。今わたしは、あなたが神を恐れていることがよく分かった。あなたは、自分の子、自分のひとり子さえ惜しむことがなかった」（22・12）

あなたの手をその子に下してはならない、その子に何もしてはならないと止めてくださいました。そして今、私はあなたが神を恐れることが良くわかった、あなたは自分のひとり子さえ惜しまないで私に献げた。あなたの信仰により、あなたを義とすると、再びおっしゃってくださいました。この試練がなかったら、アブラハムは信仰を取り戻すことができなかったかもしれないと思います。おそらく取り戻すことはできなかったでしょう。この試練、言葉で表現することもできないような試練によって、アブラハムは神さまをアーメンとしたのです。

こうしてアブラハムとイサクはモリヤの山から下りてきます。上っていった時、まだアブラハムはただイサクの父、イサクだけの父であったかもしれません。でも今、自分の名前通りの姿、「アブラハム」になったのです、「多くの人びとの父」として回復されたのです。そのとき神さまはもう一度アブラハムにおっしゃいました。

「あなたの子孫によって、地のすべての国々は祝福を受けるようになる。あなたが、わたしの声に聞き従ったからである。」（22・18）

神さまは、どうしてここでもう一度宣言されたのでしょうか。失われていたからです。ここでもう一度、この祝福を回復したのです。「あなたの子孫によって、イサクから生まれる者たちによって地のすべての国が祝福を受ける、それはあなたがこの試練を通してわたしに従ったからである」と神さまはこのとき教えてくださったのです。この時アブラハムはひょっとしたら、イサクにもこのことを語り聞かせたかもしれません。あるいはこの時でなくても、きっとその生涯のどこかで「イサク、お前を献げたあの時に、神さまは我らを通して世界を祝福するという祝福を回復してくださったのだよ」と語ったことでしょう。そうしてイサクは自分の使命を知っただろうと思います。

もしアブラハムがイサクを握りしめ続けていたならどうだったでしょうか。イサクを献げることもできなかったでしょうが、神さまもイサクの命を取ることはなかったかもしれません。もしそうだったとしたら、イサクを献げようとしたのもしなかったのも結局同じなのでしょうか。違うのです。この祝福、世界に対する祝福が回復されている、そこが大きな違いです。もしアブラハムがイサクを握りしめて離さなかったならば、イサクに信仰を継承することができなかったでしょう。そうしたらアブラハムとイサク、そしてその子孫を通して世界が祝福されることはなかったのです。祝福は失なわれてしまったのです。

神さまは時に厳しいお方だと言わざるを得ません。でもその神さまの厳しさは私たち自身のためであり、私たちを祝福するためであるということ、私たちを本当に幸せにするためであるということです。それは私たちにはわからないのです。今のこの試練が世界の祝福とか私の本当の幸いと一体どのような関係があるのか、私たちにはわからないのです。どのような祝福が、どのようにして実現されるのかわからないのです。それでも山の上に登った、その人だけが神さまの祝福を知ることができるのです。もしアブラハムが「イサクを献げることはできません」と言ってイサクを抱きしめて家に留まっていたならば、神さまとの交わりを曇らせたまま家に留まっていたならば、彼は山の上での祝福を決して知ることができなかったでしょう。神さまの祝福はあまりにも大きい、そしてそのために私たちを訓練なさるその仕方はあまりにも深い。だから私たちには分からなくても従う、そして従って山に登った時に初めて知ることができる、そういう祝福であると思います。主の山の上には備えがあります。見えるところではどんなに望みがないように思えても、主の山の上には備えがあるのです。それは私たちが想像することもできないような素晴らしい備えです。私たちが考えうる一番素晴らしいこと、それよりももっと素晴らしい愛であると知っておきたいと思います。

私は毎日、娘のことを思っています。時には「あの時こうだったらどうだったのか、こうしていたら違っていただろうか」とも思います。でも、やはり主の山の上には備えがあるのです。美和にとって、主の山の上には備えがある。神さまは死者の中からよみがえらせることもできるお方であると信じます。娘は復活する、そのことを私たちは知っています。それはイエス・キリストが死んで復活してくださったからです。娘が復活するために。そして残された私たちにとっても主の山の上には備えがあります。娘の死は私たちにとって試練です。神さまがなさったわけでは決してないけれども、神さまはこれを通して私たちを訓練することができるお方です。もちろん、こんな試練ならなかった方が良いのにと思います。たびたび思います。しかし復活があるのだから、復活がないかのようにしゃがみ込んでいるのではなく、やはり、神さまの与えてくださる使命に生きたいと思います。やがて復活があるわけですから、その時私たちが取り戻すであろう喜びを先取りしてこの世界に注いでいきたいと思うのです。

主の山の上には備えがあります。それがどんな備えであるのか、山の上に登ってみないとわかりません。でも本当に、主の山の上には備えがあるのです。すべての人びとに対して、私たちのすべてに対して、主の山の上には備えがあるのです。試練に会う時、これは自分の罪のせいなのだろうか、あるいはあの人の罪のせいなのだろうか、あの人がこうしたからだろうかと私たちは思います。あるいは罪には関係ないとしたら、いったいなんのための試練なんだろうか、とかいろいろと考えます。おそらくいろいろなことが関係しているので、何がどうなってこうなったと説明するのは簡単ではないと思います。けれども、それがどのような事情によって起こったことであろうと、神さまは私たちの身の回りに起こってくる試練を通して、私たちを成長させたいと願っておられます。

まず神さまご自身が痛みを味わいつくしてくださいました。その上で歯を食いしばるようにして「それでもあなたに成長してほしいのだ」と語ってくださっています。もしそこで罪が示されたならば、悔い改めるべきです。また他の人に問題があると分かったならば、祈ってとりなすことができます。そして自分に与えられている使命のため、私たちは歩み続けるのです。なぜなら、主の山の上には備えがあるからです。山の下から見ただけでは、登らないで下からしゃがんで見上げただけでは見ることができない備えが山の上にあることを、私たちは覚えておくべきです。

イサクの場合、結局は取られませんでした。神さまはイサクを返してくださいました。でもイエスさまの場合はそうではありませんでした。本当に献げつくしてくださいました。イエスさまは十字架を前にこのように祈られました。

「父よ、みこころなら、この杯をわたしから取り去ってください。しかし、わたしの願いではなく、みこころがなりますように」（ルカ22・42）

神さまのみ心は、イエス・キリストが十字架につくことでした。私たちの罪のためにイエスさまは「み心の通りにしてください」と祈られた、そして神さまはその願い通りにみ心の通りなさいました。それはイエスさまが全ての人の罪のために死に、そして全ての人に永遠の命を与えるために復活されることでした。だから私たちはどんな罪があったとしても、どんな信仰であったとしても、どんな失望落胆があったとしても、死んでよみがえってくださったひとり子のゆえに、ご自分のひとり子さえ惜しまれなかった神さまの愛のゆえに、神の子として大胆に生きることができるのです。神さまは、私のために主の山の上に備えを設けてくださっている。そのように大胆に申し上げることができるのです。

神さまに喜ばれる結婚

聖書　創世記24章1～27節

[1]アブラハムは年を重ねて、老人になっていた。**主**は、あ
らゆる面でアブラハムを祝福しておられた。[2]アブラハ
ムは、自分の全財産を管理している、家の最年長のしもべに、こう言った。「あなたの手を
私のももの下に入れてくれ。[3]私はあなたに、天の神、地の神である主にかけて誓わせる。
私はカナン人の間に住んではいるが、あなたは、その娘たちの中から、私の息子の妻を迎
えてはならない。[4]あなたは、私の国、私の親族のところに行って、私の息子イサクに妻
を迎えなさい。」[5]しもべは彼に言った。「もしかしたら、その娘さんが、私についてこの
地に来ようとしないかもしれません。その場合、ご子息をあなたの出身地へ連れて戻らな
ければなりませんか。」[6]アブラハムは彼に言った。「気をつけて、息子をそこへ連れて戻

ることのないようにしなさい。7天の神、主は、私の父の家、私の親族の地から私を連れ
出し、私に約束して、『あなたの子孫にこの地を与える』と誓われた。その方が、あなたの
前に御使いを遣わされるのだ。あなたは、そこから私の息子に妻を迎えなさい。8もし、そ
の娘があなたについて来ようとしないなら、あなたはこの、私との誓いから解かれる。た
だ、私の息子をそこに連れて戻ることだけはしてはならない。」9それでしもべは、主人で
あるアブラハムのももの下に自分の手を入れ、このことについて彼に誓った。10しもべは
主人のらくだの中から十頭を連れて出かけた。主人のあらゆる良い品々をその手に携えて
いた。彼は立って、アラム・ナハライムのナホルの町へ行った。11彼は夕暮れ時、水を汲
む女たちが出て来るころ、町の外の井戸のそばにらくだを伏させた。12そうして言った。
「私の主人アブラハムの神、主よ。どうか今日、私のために取り計らい、私の主人アブラハ
ムに恵みを施してください。13ご覧ください。私は泉のそばに立っています。この町の人々
の娘たちが、水を汲みに出て来るでしょう。14私が娘に、『どうか、あなたの水がめを傾け
て、私に飲ませてください』と言い、その娘が、『お飲みください。あなたのらくだにも水
を飲ませましょう』と言ったなら、その娘こそ、あなたが、あなたのしもべイサクのため
に定めておられた人です。このことで、あなたが私の主人に恵みを施されたことを、私が

知ることができますように。」15 しもべがまだ言い終わらないうちに、見よ、リベカが水が
めを肩に載せて出て来た。リベカはミルカの子ベトエルの娘で、ミルカはアブラハムの兄
弟ナホルの妻であった。16 この娘は非常に美しく、処女で、男が触れたことがなかった。彼
女は泉に下りて行き、水がめを満たして上がって来た。17 しもべは彼女の方に走って行っ
て、言った。「どうか、あなたの水がめから、水を少し飲ませてください。」18 すると彼女
は、「どうぞ、お飲みください。ご主人様」と言って、すばやくその手に水がめを取り降ろ
し、彼に飲ませた。19 水を飲ませ終わると、彼女は、「あなたのらくだにも、飲み終わるま
で、水を汲みましょう」と言った。20 彼女は急いで水がめの水を水ぶねにあけ、水を汲み
に、再び井戸まで走って行き、すべてのらくだのために水を汲んだ。21 この人は、**主**が自
分の旅を成功させてくださったかどうかを知ろうと、黙って彼女を見つめていた。22 らく
だが水を飲み終わったとき、その人は、重さ一ベカの金の飾り輪と、彼女の腕のために、重
さ十シェケルの二つの金の腕輪を取り、23 尋ねた。「あなたは、どなたの娘さんですか。ど
うか私に言ってください。あなたの父上の家には、私どもが泊めていただける場所がある
でしょうか。」24 彼女は答えた。「私は、ミルカがナホルに産んだ子ベトエルの娘です。」25
また言った。「藁も飼料も、私たちのところには、たくさんあります。それに、お泊まりに

なる場所も。」[26]その人は、ひざまずき、**主**を礼拝して、[27]こう言った。「私の主人アブラハムの神、**主**がほめたたえられますように。主は、私の主人に対する恵みとまことをお捨てになりませんでした。**主**は道中、この私を導いてくださいました。主人の兄弟の家にまで。」

8月第二主日の礼拝を迎えました。この礼拝にようこそいらっしゃいました。先週は「主の山の上には備えがある」という題で、アブラハムがイサクを捧げるところを見ました。アブラハムがイサクを捧げましたけれども、神さまは彼を返してくださった。イサクだけの父になっていたアブラハムは「多くの人々の父」として自分の本当の姿を取り戻すことができました。そしてこれを通してイサクもまた、アブラハムの使命を受け継ぎ多くの人々の父として生きるという自覚を身につけたのだと思います。だからこそイサクは、神さまに喜ばれる結婚をすることができました。

今日は「神さまに喜ばれる結婚」という題になっていますけれども、礼拝説教で結婚とか、就職とか、そういった具体的なテーマを取り上げるのは案外難しいところがあります。と言いますのは、私たちの中には今から結婚する人、すでに結婚している人ばかりではなく一人で暮らしている方もおられるわけです。それぞれに色々な状況や環境があります。でもこの聖書の箇所は、特定の種類の人にしか当てはめられないというものでしょうか。聖書は神のことばです。それがどんな箇所であれ、聴く人が置かれた状況の中で働きかけ、語りかけてくださる。それが神のことばです。そういう意味でやっぱり、学校の教科書とは違います。教科書であれば先生が「こう書いてあるのはこういう意味です」と教えてくれることだけ覚えれば、教科書を読んだことになります。けれども聖書はちがうんです。説教が語られるとき、あるいは自分で聖書のみことばを読むとき、聖書はその人その人に合わせて、神さまが今日お語りになりたいことを語ってくれる。神さまご自身がそれを通し私たち一人一人の心に語りかけてくださる、それが聖書のみことばです。この朝も、生きて働く神の言葉の恵みに目を留め、耳を開き、心を開いて聴きたいと思います。

さて、結婚するということですから、イサクはおそらく40歳ぐらいになっていたはずです。アブラハムはイサクの妻を探すという大切な務めを最年長のしもべにゆだねました。そして二つのことを命じます。一つ目は3節にあります。

「私はカナン人の間に住んではいるが、あなたは、その娘たちの中から、私の息子の妻

を迎えてはならない」（24・3）

ここカナンにいる女性からではなく、私の生まれ故郷に行って妻を探してください、と言いました。その命令に従ったしもべが行ったのがナホルの町です。これはメソポタミアにある町で、アブラハムたちが昔いたハランの近くです。アブラハムとイサクが今住んでいるカナンは偶像礼拝が盛んなところです。土着のカナン人はみんな偶像礼拝をしているので、そこから奥さんをもらうと家の中に偶像が持ち込まれ信仰を継承していくことができません。ですからイサクの妻はまことの神を信じる女性でなければなりませんでした。もう一つアブラハムがしもべに命じたことが8節です。

「もし、その娘があなたについて来ようとしないなら、あなたはこの、私との誓いから解かれる。ただ、私の息子をそこに連れて戻ることだけはしてはならない」（24・8）

素晴らしい花嫁候補がいたとして、もしカナンに来たくないと言ったらどうしたらいいでしょうか、としもべは尋ねます。答えはイサクを「連れて戻ることだけはしてはならない」。

なぜなら、カナンこそがイサクが受け継ぐべき約束の地であって、そこで多く増え広がっていくことこそ神さまのみ心だからです。この時アブラハムは、しもべを神に対して誓わせました。そして、このこと全てに神さまが関わってくださるように、み心にかなう結婚がなされるようにと心から願いました。

神さまに喜ばれる結婚とは何か。それは何よりも、神さまを第一にする結婚であるということを覚えたいと思うんです。それは子育てにとっても大切なことだと思うんです。先週は一週間、月曜日から金曜日までティーンズ・バイブル・キャンプに行って、だいぶ日に焼けて帰って参りました。高校生以下の子どもたちが15名来ておりました。青年たち五、六名も参加していましたけれども、いずれもクリスチャンホームの子どもたちです。片親だけがクリスチャンの場合、お父さんだけがクリスチャンという子どもはいなくて、みんなお母さんだけがクリスチャンでした。実際、母親だけがクリスチャンという家庭の方が多くて、父親だけがクリスチャンという家庭はめずらしいと思います。やっぱり信仰継承において、特に子どもが幼いころに母親が果たす役割は大きいと思います。私たちの群れの青年たちや子育て中の教会員家族のために、続けて祈りたいと思うんです。青年たちが真の神さまを信じる配偶者、パートナーと結ばれることができるように、教会をあげて祈っていきたい。けれども、もうすでに結婚している方が「自分はクリスチャンじゃない人と結婚したから祝福されない」などと思う必要はまったくありません。神さまは創造的なお方、とてつもなくクリエイティブなお方です。私たち夫婦の場合は、先に洗礼を受けた私が教会から離れてしまった。そしてクリスチャンでない妻と結婚した。ところがそこから妻が救われて、それによって私も教会に帰って来ることになり、やがて献身の思いを与えられ、夫婦で献身することになったんです。神さまのなさることは不思議で大きいですから、私たちは大きな神さま、私たちが思うよりももっと素晴らしいことをしてくださる神さまに期待し、神さまを第一にする。そのような選択を、結婚だけではありません、人生のあらゆるところでしていきたいと思います。

この最年長のしもべは、命令されたから、ただ行って機械的にこの仕事をしたということではありませんでした。彼の行動を見ますと、このしもべ自身が神さまを愛する信仰者であったことがよくわかります。目的の町に着いた時に彼は祈ります。祈って神さまにゆだねていくんですね。そしてその祈りの中には、信仰からしか出てこない知恵があるなって思います。「神さま、あなたが良きことをしてください。今、泉のほとりにいるんだけれども、町の娘たちが水を汲みにやってくる。その中で私に水を飲ませてくれて、ラクダにも飲ませてくれる、そういう女性がいたらその人がイサクの妻だということにして欲しい。」そう願うわけです。ここで、彼が何か占いのようなことをしたのではないことに注意したいと思います。例えば「こういう服を着た人が来たら、その人がこのイサクの妻だということにしてください」とかではまるで人格とは関係ない。その人がイサクの妻になるべき人かということとは関係ないことです。けれども、しもべがイサクの妻に願ったのは旅人をもてなす愛。ラクダは一度に80リットル以上の水を飲むんだそうです。バケツっていろんな大きさがありますけど、大体10リットルだとしましょう。そうすると一頭のラクダに水を飲ませようとすると8杯汲んでくることになります。10頭だと80杯の水を汲んでくることになるんです。汗を流すことをいとわない実際的な愛がある人がイサクの妻にふさわしいと思って、そのことを神さまに願ったわけです。それはみ心にかなうことでありました。リベカは井戸まで走って行って、80杯の水を汲んで来たんです。そして、そこでしもべは名前を尋ねます。

するとリベカは、

彼女は答えた。「私は、ミルカがナホルに産んだ子ベトエルの娘です」(24・24)

と答えました。ナホルといいますのはアブラハムの兄弟ですから、このリベカはアブラハムの兄弟の子どもの子どもなんです。アブラハムの兄弟の孫、つまりこの一族の女性であった。イサクとは一世代ずれてますけど、イサクはアブラハムがずいぶん高齢になってから生まれた子ですから、リベカとイサクは結婚する年齢としては釣り合っていたのです。ベトエルの一族がいつ真の神さまを信じるようになったのかはわからないですけれども、この時点で彼らは真の神を信じる信仰者であった。それはこの後、リベカの父ベトエルと兄ラバンからしもべへの答えからわかります。

「主からこのことが出たのですから、私たちはあなたに良し悪しを言うことはできません」(24・50)

しもべから経緯を聞いたときに彼らは「これは神さまのみ心なんだ、だからもう私たちはそのみ心に良いとかダメとか言うのではなく、その通りに従ってまいります」と、そのように言うことができました。そして、リベカ本人もまた信仰の人でありました。父と兄が十日間ほど別れをおしむ期間を設けてほしいと言う一方、アブラハムのしもべは「いやすぐに出発したい」と言います。そこでリベカが呼ばれて「どうですか」と聞かれるのですが、彼女は「はい、参ります」とそのように答え、すぐに出発する。彼女もまた神さまを信頼し、神さまを愛する信仰者であった。そのように思います。

こうして神さまは、み心にかなうパートナーをイサクに備えてくださいました。リベカという愛と信仰に生きる人を備えてくださった。ここで、イサクとリベカの結婚には本人たちだけでなく、様々な人の信仰が関わっていることを見ることができます。アブラハムの信仰はもちろんのこと、仲立ちになったしもべの信仰は先ほど見ましたが、リベカの兄ラバンと父ベトエルの信仰もありました。多くの人たちの信仰が関わっています。ここからも、互いに祈り合う大切さを教えられます。祈りは聞かれていく。ですから未婚の青年たちのためだけでなく、既に結婚している方々、そしてパートナーがクリスチャンでない方々のためにも祈りたいと思います。神さまがどんな素晴らしいことをしてくださるか、そのことを期待したいと思います。私たち教会員の配偶者の方で長い間教会に足を向けず、あるいは神さまを信じようとしなかった方が、変えられて信仰を告白した。私たちもそのような神さまの不思議なみわざを実際に見ています。これからも、救われる人々が続いて起こされるように祈っていきたいと思います。神さまは全ての人を変えることができます。私たちのパートナーを変えることができる、神と人を愛する人に変えることができます。

ティーンズ・バイブル・キャンプで主講師として三回のメッセージをしてくださったのは日本イエス・キリスト教団峰山教会牧師の才脇弘道先生でした。この教会にも一度来てくださったことがありますけれども、先生が三回のメッセージの間繰り返し語られたこと、それは「神さまが造られた最高の私になる」ということ。言葉を変えながら同じことを繰り返し語ってくださいました。「神さまが造られた最高の私になる」というのは、神さまのかたちに造られた私たちが、神さまのかたちに回復されて行くことなんです。それはイエスさまに似たものへと変えられていくことでもある。私たちの内には自分の罪、また他人の罪によって色々と歪んで傷ついた部分があるかもしれないけれど、そんな私たちが造られた姿に回復され、癒され、本当の私、本当の人間にされていくのだ。「私も本当の人間になりたいです」と、先生は繰り返し語られました。子どもたちは最初のうちは笑ってましたけれども、本当の人間になりつつある人が目の前にいるということがだんだん分かってきた。才脇先生は青年期に大変辛いところを通られた方です。自傷行為ですとか自殺未遂を繰り返さざるを得なかった、そういう人だったんです。今回のキャンプには小学五、六年生と中学一、二年生の子どもたち、そして高校生が一人参加していたのですが、そういうことも率直に語ってくださいました。小中学生の時に野球をやってたんだけど、野球から逃げた。また勉強から逃げるために自傷行為をするようになった、「自分は今まで逃げてきた、僕は人生から逃げて来ました」と語ってくださった。子どもたちは身を乗り出すようにして先生の証を聞いていました。でも私はそれを聞きながら「ああ、この先生、今はちっとも逃げてないな」と思いました。恥ずかしいような、語るのが怖いような、そういう過去の自分とも逃げずに向き合っておられる。そしてイエスさまが何をしてくださったかということを子どもたちに真っ直ぐに語り、あなたたちもこのイエスさまを知ってほしいと語ってくださった。子どもたちの心にメッセージが入っているな、伝わっているなとよく分かりました。

才脇先生を変えたのはイエスさまでした。そして先生の弱さの中に働いてくださって、イエスさまのご愛がどのように自分に働いてくださったか、先生にしか語ることのできないメッセージを語ってくださいました。神さまは弱さの中に働いてくださる。私たちはしばしば望みをなくしたり、逃げ出したりしてしまう、けれどもイエスさまは私たちをそのままにしておかれない。そのまま放っておくことをなさらないで、私たちが癒され、回復され、本当の私にされるためにどんなことでもしてくださるし、すでにしてくださった。打たれた傷、そして流された十字架の血潮によって私たちは癒されて、また癒され続けています。神さまは私たちを変えることができます、神さまが造られた最高の私たちに変えることがおできになるし、それはもうすでに始まっている。

創世記に戻りますが、こうしてリベカはイサクのところに嫁いでくる。多くの名画に描かれているシーンですね。

「イサクは夕暮れ近く、野に散歩に出かけた。彼が目を上げて見ると、ちょうど、らくだが近づいて来ていた。」（24・63）

イサクはどういう思いで散歩に行ったのか。もうそろそろお嫁さんが来るころかなと思って見に行ったのかもしれないです。そして、ふとリベカを見るわけです。二人はこうして結ばれます。

「イサクは、その母サラの天幕にリベカを連れて行き、リベカを迎えて妻とし、彼女を愛した。イサクは、母の亡き後、慰めを得た。」（24・67）

イサクは慰めを得ました。イサクがリベカを愛しただけではない。リベカもイサクを愛した、そしてイサクは慰めを得たんです。二人の間に深い人格的な交わりが生まれた。神さまはイサクの子孫を通してすべての人々を祝福するんだけれども、そのご計画を無理矢理、力ずくで進められるお方ではありません。そこに携わる人々の愛を通して、愛し合うという関係を通して、神さまのご計画は進められていくことを思わされます。

神さまは、私たち一人一人を造り変えることがおできになるお方です。それと同時に、夫婦や親子、兄弟といった身近な人間関係も造り変えることができるお方です。「神さまが造られた最高の夫婦、最高の親子、最高の兄弟」に造り変えてくださいます。先ほど、神さまは第一の結婚は子育てのために大切だということを申し上げました。でも結婚は単に子育てのためだけにあるわけではないですよね。結婚そのものが神さまからの素晴らしい贈り物。そのことを私たちは知る必要があると思います。創世記一章には、「神は人をご自身のかたちとして創造された。神のかたちとして人を創造し、男と女に彼らを創造された」とあります。神さまは交わりの神、三位一体の神です。ですから、夫婦の愛し合う親密な関係の中に神のかたちがあると聖書は言っています。夫婦という関係は男と女を一対としてその中に神のかたちが見える、そういう存在として造られました。あらゆる人間関係の中で、夫婦は最も親密な人間関係です。そこに神のかたちが回復されるところから世界が回復されて行きます。もちろん、今はパートナーがおられない方もおられます。でも私たちの周りには自分の子どもたちの夫婦、あるいは兄弟の夫婦、友だちの夫婦などいろんな夫婦関係があると思います。結婚関係について聖書から知ることは、私たちがこれらの人々のために祈り、助けることとなるのです。

6月、北海道で開催されたマリッジコースに妻と二人で参加させていただきました。あのころは本当に疲れ切っていたのですが、二泊三日で生き返ったように帰ってくることができて感謝しています。マリッジコースというのは結婚生活を素晴らしいもの、豊かなものにするために夫婦二人で参加するものです。与えられたテーマに従って夫婦でひたすら語り合うんです。結婚生活の問題は主にコミュニケーション不足から生じる、だからとにかく語り合うということですね。普段の日常生活で語り合うことはなかなか難しいんですけれども、それはただ単にお互い忙しいというだけではないと気付かされました。何が語り合うことを妨げているのか、いくつか気付かされるところがありましたが、私の場合、なかなか妻と話せない時というのは何かが引っかかっているんです。一つには、これはちょっと複雑すぎる話だなと思う、複雑すぎるし重要なことではないからやめておこうと思う。あるいは、男性の場合結構あるかもしれませんが、こういうことを素直に言うと弱虫だと思われないだろうかと思う。あるいは心配をかけたくないとか、いろんなことがあると思います。けれども考えてみれば、複雑なことこそ、それこそ時間をかけて話す必要があるたいせつなことじゃないかと思うわけです。重要なことしか語らないとしたら、それではまるで業務連絡です。そのような会話しかない夫婦が結構多いそうです。重要なことじゃなくても一向に構わないいんじゃないか。それを話すことによって相手がどういうふうに感じ何を思うのかを知れるなら素敵なことじゃないか。「弱虫だと思われる」と心配になるとしたら、そこには癒しを必要としている部分があるんじゃないか。そこが癒されるためには一番必要なのは何なのか。イサクがリベカを得て慰められたように、その心を聞いてもらって、知ってもらって、「それはおかしなことではないよ、私にも分かるよ」と肯定してもらう。そのようにして私たちは癒されていくのではないでしょうか。「心配かけたくない」というのは不健全ですよね。神さまは「人が一人でいるのは良くない、ふさわしい助け手を造ろう」と言ってパートナーを与えてくださいましたから。だから、互いに心配をかけあっていいんです。一緒に解決していけばいい。そう思います。「心配をかけたくない」という思いが語り合うことの妨げになってしまうのはとても残念なことだと思います。一方、家内が私に話すことの妨げになるのは

「煩わせたくない」とか「自分のことをうまく伝えられないんじゃないか」という思いだと言うのです。あるいは「こんなことには興味がないんじゃないかな」とか「どこから話したら良いのだろう」とかいろんなことを思うのだと。そう聞いて私は本当に心の痛みを覚えました。聞くことに私がもっと心を注いでいたなら、家内はそんな風に思わなかったんじゃないのかな。もっと時間を作って聞けば良かったな。これからそうしよう。そう思って帰ってきました。

話すことを妨げるものがいろいろとあり、また聞くことを妨げるものもあります。自分の関心を優先するばっかりに目の前の相手への興味を失っている、そういう場合も結構あったりします。あるいは会話を効率的に進めようと理屈を言ったり忠告したりして、次の会話に進もうとする。あるいは会話は終わらせて何かちがうことをしようとする。でも「会話を効率的に進める」とはどういうことでしょう。会話の目的は、次のことをすることじゃなくて会話そのもののはずです。いろいろとちがうものが私たち夫婦の間にも入り込んでいると気づかされました。

「聞くのに早く、語るのに遅く、怒るのに遅くありなさい」（ヤコブ1・19）

とあります。聞くのに早く、語るのに遅く。相手に関心を持つ。相手そのものに関心を持つ。自分がそこでどういう立場を取れるか、どう思われているか、そんなことは横に置いといておけばいい。相手そのものに関心を持ち、自分の意見を言う前にたっぷり時間をかけて聞くならば、それだけで相手は癒されていくと思うわけです。論理的で整合性があるかないかということより、感情を聞きとることを大切にしたいと思うんです。マリッジコースでは、お金のこと、子育てのこと、人生の目標のこと、それぞれの仕事や信仰のこと、性に関すること、あるいは休暇の用い方などについて語り合いました。そして、語れば語るほど癒され、聞けば聞くほど癒されていくことを体験して参りました。

イエスさまの十字架によって癒された私たちは、なおさら親しい人間関係の回復に取り組むことができる、それも人生の一大事として取り組むことができると思います。逆にもしそうできないとしたら、私たちが互いの親しい関係の回復に取り組むことができないとしたら、ますます悲劇的なことが起こると思います。動物の中で一番気が短く怒りっぽい動物はサイなんだそうです。私たちはパートナーに対してサイのような態度をとることがあるわけです。自分が傷ついたと思った時、それを相手にも分からせたくてひどい言葉を口にしたり冷たくふるまったりする。そうなったら本当に悲劇です。傷つけ合いが起こる。本当はそんなことをしたいんじゃなくて、ただ単に自分がどんなに傷ついているかを分かってほしいと思ってやってるわけですけれども、今度は相手もまたサイになっていく。「分かり合いたい、良い関係を作りたい」という願いが悲劇的な形で現れる、それはサイのような生き方だというのです。一方、傷ついたと思ったらもう二度と傷つかないように、ハリネズミのように針を立てて相手に近づかない、内にこもってしまう。そういうカップルもあると思います。恐らくはみんなどちらかだけではなくて、その時々によってどちらも混じっているんだと思います。でも本当のことを言うならば、私たちの日常生活の中では常に誤解が生じているんです。「あれ？」と思ったりすることがあるんです。それを赦すことができるだろうか。本当に神に赦された者、神の子とされた者たちだったら、赦して対話していくことができるだろうと思います。

「怒っても、罪を犯してはなりません。憤ったままで日が暮れるようであってはいけません。悪魔に機会を与えないようにしなさい」（エペソ4・26～27）

とあります。怒ったときにその怒りを自分の中で温め続けて、繰り返し思い出しては怒りを掻き立て続ける、それは罪であり悪魔に機会を与えることだと言うんですね。ある知り合いの牧師夫妻にはルールがあるそうです。それは何があってもその日のうちに、日付が変わらないうちに赦し合うということ。互いに祈り合って、み言葉をもって赦し合うこと。それは本当に幸いなことだと思います。私たちもそのように努めています。

結婚、あるいは親しい人間関係が回復していく時に、私たちは本当に慰められ、癒されて行く。神さまはそういう身近な人との人間関係を変えて行くことを通してこの世界を変えていかれる、世界の祝福をなしとげていかれる。そこには恐れであったり、自己評価の低さやいろんな不安であったりいろんな妨げがあります。でも、夫婦であれ兄弟であれ、あるいは親子とか友人関係であれ、人と人との関係が回復されていく時に、世界はそこから回復されていく。本当に受け入れ合っている人々、尊敬し合っている人々、覆い合っている人々がいる時に、世界はそこから回復されていく。神とともに生きるということがどういうことであるかを、世界は見ることができます。神を第一とする人々を通して、神さまはこの世界を回復して行かれます。そして、その第一歩は、私たちの内にもうすでに始まっていることを覚えたいと思います。

天からのはしご

聖書　創世記28章10～22節

10ヤコブはベエル・シェバを出て、ハランへと向かっ
た。11彼はある場所にたどり着き、そこで一夜を明かす
ことにした。ちょうど日が沈んだからである。彼はその場所で石を取って枕にし、その
場所で横になった。12すると彼は夢を見た。見よ、一つのはしごが地に立てられていた。
その上の端は天に届き、見よ、神の使いたちが、そのはしごを上り下りしていた。13そ
して、見よ、主がその上に立って、こう言われた。「わたしは、あなたの父アブラハム
の神、イサクの神、主である。わたしは、あなたが横たわっているこの地を、あなたと
あなたの子孫に与える。14あなたの子孫は地のちりのように多くなり、あなたは、西へ、
東へ、北へ、南へと広がり、地のすべての部族はあなたによって、またあなたの子孫に

よって祝福される。[15] 見よ。わたしはあなたとともにいて、あなたがどこへ行っても、あなたを守り、あなたをこの地に連れ帰る。わたしは、あなたに約束したことを成し遂げるまで、決してあなたを捨てない。」[16] ヤコブは眠りから覚めて、言った。「まことに**主**はこの場所におられる。それなのに、私はそれを知らなかった。」[17] 彼は恐れて言った。「この場所は、なんと恐れ多いところだろう。ここは神の家にほかならない。ここは天の門だ。」[18] 翌朝早く、ヤコブは自分が枕にした石を取り、それを立てて石の柱とし、柱の頭に油を注いだ。[19] そしてその場所の名をベテルと呼んだ。その町の名は、もともとはルズであった。[20] ヤコブは誓願を立てた。「神が私とともにおられて、私が行くこの旅路を守り、食べるパンと着る衣をくださり、[21] 無事に父の家に帰らせてくださるなら、**主**は私の神となり、[22] 石の柱として立てたこの石は神の家となります。私は、すべてあなたが私にくださる物の十分の一を必ずあなたに献げます。」

8月も第三主日となりました。ようこそいらっしゃいました。この朝の説教題は、二つの候補のどちらにしようかと迷ったんです。一つ目は「天からのはしご」、そして二つ目は「どん底に降りてこられる神」。そのように迷いながら、私自身が大きな慰めを得るような思いでした。神さまは、天からのはしごを通ってどん底に降りて来てくださった神さまだっていうことを何度も思いました。

今日の聖書の箇所で、ヤコブはどん底を味わっていました。最初にそのどん底について見ていきたいと思います。アブラハムの子がイサク、その子がヤコブですけれども、先週はイサクとリベカの結婚のところから聴きました。アブラハムの妻でありイサクの母であるサラのように、リベカもやはり不妊の女性であったと記されています。けれども、イサクの祈りに神さまが答えてくださり、彼が60歳の時にふたごの男の子が与えられました。兄がエサウ、弟がヤコブです。ところが神さまは「兄エサウではなく弟ヤコブが後継者になるんだ、イサクを継ぐのはヤコブなんだ」とおっしゃったんです。なぜだろうかと不思議に思います。

しかし考えてみれば、自分で選ぶことができないことが私たちの人生にはとってもたくさんある。例えば男性に生まれてくるか女性に生まれてくるか。これは自分で選ぶわけではない。あるいはどのような両親のもとに、どのような環境の中に生まれてくるか、どのような能力や遺伝子を持って生まれてくるかなど。私たちが自分で決められないことってたくさんある。「神さまがそのように決められたのだ」と言えばそういうことなんですけれども「なぜ私がこういう境遇なのか」、それは分からない。

しかしはっきりしていることが一つある。それは、神さまが全ての人に祝福を注いでおられるということ。神さまのなさること、そこには祝福が込められているということ。だから私たちにはわからなくても、エサウじゃなくてヤコブが跡継ぎなんだと神さまがおっしゃるならば、そこに最善があるということです。それはただヤコブにとって最善だというだけじゃなく、エサウにとっても、イサクの一族にとって、ひいては世界にとっても最善なのです。そのように、神さまは最善以下のことは成し給わないお方である。まずこのことを覚えておきたいと思うんです。

けれども、神さまの最善はしばしば人間の問題によって歪められていく。これもまた聖書が語っているところです。ヤコブには問題があった。彼は神さまから「あなたがイサクの後継者だ」と言われていた。おそらくリベカからそれを聞いていたでしょう。しかし彼は、待つことができないという問題を抱えていました。待つことができず、自分からもぎ取りに行くんです。神さまがご自身の手で一番良い時に祝福を与えてくださるのを待つことができず、自分から無理やりに手に入れようとしました。同じようなことが私たちにもよくあると思うんです。神さまは、ご自分の時に解決や祝福を与えてくださる。神さまからの祝福をみ心に従って用いることができるように、私たちの成長を待っておられることもしばしば。それなのに、私たちは待つことができない。必要な時間を待つことができない。「今ここで」と、あたかも神さまの手からもぎ取るようにして自分の願いを実現しようとする。その結果、多くの痛みを引き起こしてしまう。私たちがよく経験することです。ヤコブもまさにそうでありました。

お兄さんのエサウは猟で野原を走り回り、獣を獲る人であった。ヤコブは家の中でお母さんの手伝いなんかをする、そういう人であった。

「さて、ヤコブが煮物を煮ていると、エサウが野から帰って来た。彼は疲れきっていた。エサウはヤコブに言った。『どうか、その赤いのを、そこの赤い物を食べさせてくれ。疲れきっているのだ。』それで、彼の名はエドムと呼ばれた。するとヤコブは、『今すぐ私に、あなたの長子の権利を売ってください』と言った。エサウは、『見てくれ。私は死にそうだ。長子の権利など、私にとって何になろう』と言った。ヤコブが、『今すぐ、私に誓ってください』と言ったので、エサウはヤコブに誓った。こうして彼は、自分の長子の権利をヤコブに売った。ヤコブがエサウにパンとレンズ豆の煮物を与えたので、エ

サウは食べたり飲んだりして、立ち去った。こうしてエサウは長子の権利を侮った」(25・29〜34)

ここから、兄弟二人ともが問題を抱えていることがわかります。エサウは長子の権利をあなどった。ヤコブはエサウの弱みに付け込むようにして長子の権利を買い取った。本来であれば長子の権利というのは売ったり買ったりできるようなものではないんです。けれどもこの兄弟の間ではこういうことが行われた。ヤコブは神さまからの祝福を急いで手に入れようとしました。まるで「神さまの祝福には限度がある、量に限りがある、だから先に奪い取らなければ足りなくなってしまう」とでも考えているかのようです。

やがて父イサクが高齢になった時、もう一つの事件が起こりました。今度はお母さんのリベカが関わってくるんです。イサクがエサウに言います。

「イサクは言った。『見なさい。私は年老いて、いつ死ぬかわからない。さあ今、おまえの道具の矢筒と弓を取って野に出て行き、私のために獲物をしとめて来てくれないか。そして私のために私の好きなおいしい料理を作り、ここに持って来て、私に食べさせて

くれ。私が死ぬ前に、私自ら、おまえを祝福できるように』」（27・2〜4）

これを母のリベカが聞いていた。そして、イサクが召される前に与える、最終的な、力ある祝福をエサウに受けさせまいとした。エサウとヤコブの兄弟に問題があったと言いましたけれども、実は父イサクと母リベカにも問題がありました。イサクは兄のエサウを愛していたんだけれども、それはエサウが狩りで取ってくる野の獣の肉が好き、という理由だった。これはまあ、愛っていうより好き嫌いですね。自分にとって都合が良いということであった。一方のリベカはヤコブを愛するんだけれど、そこにはエサウから奪い取ったものをヤコブに与えたいという、ヤコブとくっついてしまったような共依存的な愛を見ることができます。この家庭では、いつのまにか神さまを第一にすることが失われていたと思われます。こうしてエサウではなく、ヤコブが祝福を受けた。これは一度与えたら取り消すことのできない重い祝福であったようです。後でそのことに気づいたエサウは「お父さん、自分も祝福してくれ」って頼むわけですけど、それはできなかった。そういう意味では少なくとも、イサクが神の名による祝福を重んじていたことが分かります。

この悲劇的な出来事の結果、エサウは弟ヤコブに殺意を抱くようになります。やむをえず、イサクとリベカはヤコブを逃がしリベカの実家へ向かわせます。この道の途中でヤコブは石を枕にして眠る。自分はどん底にいる、と感じながら眠りについたはずです。自分が跡継ぎだと母から聞かされ、それが実現するように行動した。その結果、彼は何を得たか。彼が考えていた跡継ぎというのはイサクの財産のうちの長子の取り分、つまり二倍の取り分、例えば家畜や奴隷の三分の二。本来ならヤコブは弟なので三分の一しかもらえないはずだったけど、それが逆になるんです。自分が三分の二でエサウが三分の一、お兄さんの倍をもらう。そういうことがヤコブの人生の目的のようになっていた。お兄さんとの仲が悪くなってでも、どうしても達成したい目的だった。だけど結局、何にもならなかった。一人ぼっちなんです。奴隷の一人も連れていないし、羊や山羊の一頭も連れていない。何も持ってない。一文無しになってしまった。彼は自分がどん底にいると感じていた。

しかし神さまがヤコブに与えようとしていた祝福、ヤコブが受け継ぐべきものというのは奴隷や羊だったんでしょうか。アブラハム、イサクに神さまが与えようとした祝福はそういうものではなかった。そうじゃなくて、それは信仰であり、また使命であった。アブラハムは神さまが何をしてくれるかに関係なく、「あなたそのものがアーメンです」と神さまに申し上げた。そして神さまと一つの心になった。ソドムの滅びの時には神さまの前に立ちはだかって「あなたは正しい愛のお方ではないですか」と訴えた。また、「主の山の上には備えがある」と言ってイサクを捧げるために進んで行った。神へのそういう信頼、そして信仰。神の友、信仰の父と呼ばれたアブラハムの信仰こそ、ヤコブの受け継ぐべき遺産、祝福でした。言葉をかえれば「神さまを信じる」ということ。神さまとの人格的な関係に生きる、そういう信仰をヤコブは受け継ぐべきであった。ところが、ヤコブはそれが分からないんです。奴隷や羊を手に入れることができず全くの孤独であることを嘆きながら、たった一人で石を枕に寝ている。惨めで望みのない心で眠りについた。

私たちも「自分には価値がない、ダメだな」って思うことがよくあります。聖書には「神の目にはあなたは高価で尊い」と書いてある、それはよく知ってるんだけど、それを自分に結びつけることができずに「私ってダメだ」と思うことがよくあります。他の人はいいな、私よりずっといいな、と思ってしまう。けれども、神さまのまなざしはそういう私たちにも注がれている。どん底にいる私たちにも注がれている。いや、むしろ、深いどん底の中にいればいるほど、その闇が深ければ深いほど、神さまの愛のまなざしはもっと多く私たちに注がれている。それを忘れてはならないと思います。

ヤコブは、神さまのまなざしが自分に注がれていることを全く知らず、自分は一人きりだと思った。すべてを台無しにしてしまったと感じた。惨めな気持ちで眠りについたわけです。そして、夢を見る。

「すると彼は夢を見た。見よ。一つのはしごが地に立てられていた。その上の端は天に届き、見よ、神の使いたちが、そのはしごを上り下りしていた」（28・12）

普通、はしごは地から天に向かって立てます。だけど、どんなに高いはしごでも、地から天に届くようなことはないわけです。人が自分の力によって神さまに届こうとするならば、決して届くことができない。むしろ、自分の罪の深さにますますしゃがみ込んでしまう。どんなに努力しても、神さまのみ心にかなう良い人になるとか、そういうことは決してできないですね。でもこの夜ヤコブが夢で見たはしごは天から地へ向かって立っていた。天から地へ届いていた。このはしごが立てられたおかげで、本当に胸を打つ出来事が起こります。

「そして、見よ、**主**がその上に立って、こう言われた」（28・13）

神さまに届くことができないヤコブに神さまの方から来てくださった。これは「神さまははしごを使わないと私たちのところに来ることができない」とか、そういう物理的なはしごのことを言っているわけではありません。そうじゃなくて、神さまがご自分から来てくださった、主が彼の傍に立ってくださった。どん底にいるヤコブの傍らに、横に、神さまが来てくださった、立ってくださった。ヤコブを赦し、祝福するために来てくださった。そしておっしゃられた。

「わたしは、あなたの父アブラハムの神、イサクの神、主である。わたしは、あなたが横たわっているこの地を、あなたとあなたの子孫とに与える。あなたの子孫は地のちりのように多くなり、あなたは、西へ、東へ、北へ、南へと広がり、地のすべての部族はあなたによって、またあなたの子孫によって祝福される」(28・13〜14)

これこそがアブラハムに与えられた祝福です。ヤコブは今、その祝福を受け取って回復された。この天からのはしごは、一体何のためであったか。「神の使いたちが上り下りしていた」とありますけれども、このはしごの最終的な目的は神さまがどん底にいるヤコブの傍に来てくださるため、降りて来てくださるためであった。これを覚えておきたいと思います。

そうすると新約聖書の二つの箇所が頭に浮かんでまいります。一つはヨハネの福音書1章51節。イエスさまが、その公生涯のご奉仕の始まりにおっしゃったみ言葉。


「まことに、まことに、あなたがたに言います。天が開けて、神の御使いたちが人の子の上を上り下りするのを、あなたがたは見ることになります」(1・51)

「人の子の上を」とあります。人の子とはイエスさまのこと。イエスさまはヤコブのはしごをイメージしながら語っておられる。「わたしがそのはしごなんだ、わたしこそが天と地をつなぐはしごである。わたしが父とあなたがたをつなぐはしごなんだ。」そういう風におっしゃった。実にイエスさまははしごであるだけでなく、そのはしごを伝って地に降りて来られた神である。ここにはそういう意味も含まれていると思います。罪のどん底にいる私たちのために来てくださった救い主である神、それが主イエス・キリストです。

罪とは何か。それは愛するために造られた私たちがそのように生きることができない、そのように生きることに困難を感じる、そういう悲劇的な状況をもたらすものです。本来は神のかたちに造られた私たちです。私たちは自分のことを「どうせ人間だから」って卑下するけれども、「人間である」というのは素晴らしいことですよ。私たち人間は神のかたちに造られた、愛し合うために造られた。でも残念なことに、そのかたちが損ねられてしまっている。そして、神さまから遠く離れ、神のかたちから遠く離れて、痛みに満ちている。それすらも自分でわからず罪の牢獄の中に閉じ込められてしまっている私たち。でも神さまはそんな私たちをそのままにしておかれず、天からのはしごを伝って降りて来てくださり、その悲劇的な状況から私たちを解き放ってくださる。イエスさまだけが解き放つことができる。天からのはしごとなり、人となって来てくださった。そこにイエスさまの愛があります。ヤコブのはしごの物語から思い出されるもうひとつの新約聖書の箇所はピリピ2章です。

「キリストは、神の御姿であられるのに、神としてのあり方を捨てられないとは考えず、ご自分を空しくして、しもべの姿をとり、人間と同じようになられました。人としての姿をもって現れ、自らを低くして、死にまで、それも十字架の死にまで従われました」（2・6～8）

ここにもう一本のはしごが描かれていると思います。一本目のはしごは「神が人となる」というはしごでした。でもここには、人となった神が「死んでよみに下る」というもう一本の十字架のはしごがあります。どちらのはしごも、私たちが自分では届かない距離を渡すはしごです。私たちは自分の罪を思うと、責められるような、辛い思いがいたします。その責めはさらに頑なな、惨めな状態に私たちを追い込んでいく。でもイエスさまの十字架は罪の赦しの十字架であって、私たちを罪からも罪の咎めからも解き放つ、そういう十字架です。そのためにイエスさまは人となって、十字架に架ってくださった。聖書は罪についての記述に満ちていますけれど、それは私たちを裁くためではない。天からのはしごによって私たちのところに来てくださったイエスさまが私たちを罪から解き放ち、神の子としてくださるという良き福音を告げるために、聖書は罪について語ります。私たちがどん底にいるときにも、イエスさまはそこにおられます。罪のどん底にいるときにもイエスさまがそこにいてくださって、ご自身を与えて罪の赦しを差し出しておられる。そのことをもう一度確認したいと思います。私たちは「自分がどん底にいて神さまの祝福を失っている」と感じることがあります。「神さまは祝福してくださっていない」と錯覚する。でも、そうじゃない。それは本当のことじゃない。事実は「私たちがどん底にいればいるほど神さまは私たちを祝福してくださっている」ということです。罪のどん底であろうが、さまざまな困難によるどん底であろうが、私たちは自分の感覚を信じるのではなく神さまを信じる。自分よりも神さまを信じ、神さまに信仰を置く。それが神さまの望んでおられることです。

東日本大震災の年の夏、私は牧師のための説教合宿に参加しました。今朝ふと、そのときのことを思い出したんです。合宿で講師の加藤常昭先生に「どうしてこの東日本大震災のようなことがあるんでしょうか、神さまがおられるのにどうして地震や津波など、こういうことがあるんでしょうか」とお尋ねしたんです。その時、先生は「これこれこういう理由だ」とは言われなかったですね。そうじゃなくて「けれども、神のまなざしは私たちに注がれている」と言われた。そしてご自分が溺れた時のこと語ってくださいました。それを聞いているうちに私は「ここに『腰の座った信仰』とでも呼ぶべき信仰がある」と思ったんです。なぜこういうことが起こったのか、私たちには分からないことがほとんどですね。私たちには分からない。じゃあ、分からないから神さまなんて信じることができないのか。私たちは自分のわかる範囲でしか神さまを信じることができないのか。それなら信仰は、勉強して何かを理解したり何か体験をしたりして、その勉強や体験によって生きるのと変わりはない。でも神さまは、神さまの方から、天からのはしごを降りて私たちのところに来てくださった。神さまが生きておられること、私たちを愛しておられること、罪の赦しがあること、そのためにイエスさまが十字架にかかってくださったこと……。普通だったら到底わかり得ないようなことばかりです。それを信じているのが私たちなんですね。

どうしてかはわからない。なぜかはわからない。けれども、私たちは神さまのまなざしを信頼することができる。そのまなざしは裁くまなざしではなくて、愛のまなざし、赦しのまなざし。イエス・キリストはこのまなざしの下で十字架に架けられ、このまなざしの下で復活なさったわけです。神さまに「なぜですか」と尋ねるのは私たちだけではありません。イエスさまも「どうしてですか、わが神、わが神、どうしてわたしをお見捨てになったのですか」と叫ばれた。その答えはあったか。なかったんです。でもイエスさまは「あなたのみ心がなるように」と進んで行かれました。そして父のまなざしの中でよみがえりました。私たちがどん底の中にいる時にも、神さまのまなざしは私たちに注がれている。この一年間、神のまなざしは私たち夫婦にも注がれておりました。召された娘の美和にも注がれていた。不思議なことに私たちは美和が神さまにずっと抱きしめられているということを疑ったことはありません。けれども自分たち自身についてはぼうっとしたようであまり考えられなかった。でも今思いますに、どん底の私たちのところにも神さまは確かにおられて、抱きしめていてくださった。そうじゃない時よりもますます近くにおられたんだ、ということを思います。

ヤコブは夢の中で神さまに出会っていただいた。

「ヤコブは眠りから覚めて、言った。『まことに主はこの場所におられる。それなのに、私はそれを知らなかった』」(28・16)

「私は今、神さまに会ったんだ。アブラハムの神、イサクの神に会った。アブラハムの神、イサクの神が、私ヤコブの神となってくださったのだ。」ヤコブはそういうふうに申し上げたわけです。今までのヤコブにとって神とは祖父アブラハムの神であり、父イサクの神だった。それまでも礼拝には一緒に連れて行かれたでしょう。祭壇を築いて祈ったでしょう。しかし、彼にとって神とは祖父や父から聞かされる神であった。ところが今、ヤコブはじかに神さまを知った、自分の神となってくださったことを知りました。私たち一人一人もみんな、始まりは「だれかから聞かされた神さま」でした。親がクリスチャンで、連れられて教会に行くようになった人もいるでしょう。友人に誘われて集うようになった方もおられる。チラシを見て教会に来られた方もいる。信仰の始まりはさまざま。けれども一人一人に神さまが特別な方法で、そうではなくては出会えなかった方法で出会ってくださった。そうして神さまが会ってくださった一人一人が今ここで、神さまを「私の神」として礼拝を捧げています。神さまがみんなを「私は神さまを知ってる」と言えるようにしてくださったんです。そして出会いの中で、礼拝ごとに、ますます深くご自分を知らせてくださいます。神さまに出会って、いわば自立した信仰を与えられたヤコブはこのように言います。

「彼は恐れて言った。『この場所は、なんと恐れ多いところだろう。ここは神の家にほかならない。ここは天の門だ』」(28・17)

ヤコブは神さまを知って恐れおののいた。これは単に「怖い」という恐怖ではないんです。神さまは本当に生きておられる。話には聞いていたけれども、何となくぼんやりとは聞いてはいたけれども、本当に生きておられる神さまが私に会ってくださった。ドキドキするような驚きと喜びの中で、彼は神さまを敬う。「おそれ」を表す「畏」という漢字には「敬う」という意味もあります。ヤコブは神さまを敬ったんです。そこにあるのは驚きと喜びが混じった神への愛、親しさ。どん底の自分の所に降りてきてくださって、そこを神の家ベテルとしてくださった。そんな神さまの大きな愛の喜びがここにあふれています。ヤコブは起きて礼拝を捧げます。

「翌朝早く、ヤコブは自分が枕にした石を取り、それを立てて石の柱とし、柱の頭に油を注いだ」（28・18）

私たちが今、ご一緒に捧げているこの礼拝は、生きておられる神さまへの礼拝です。気休めではありません。何かよくわからんけどご利益があるという、そういう神ではない。生きておられて、私たちに語りかけ、私たちと共に生きることを喜び、私たちに世界の祝福となるという使命を与えてくださる。そのような神さまを今、礼拝しています。この神さまを私たちは知ることができた。それは神さまが天からのはしごを伝ってそれぞれのところに降りてきてくださったからです。私たちのために死んでよみがえってくださった主イエス・キリストを通して、私たちに語ってくださっているからです。この朝も主イエス・キリストと、その父なる神さまに感謝と賛美をささげています。このように、いつも神さまのみもとに留まりたいと思います。そして本当に豊かな、あふれるほどの祝福にあずかり続けたいと、そのように願います。

祝福の秘訣

聖書　創世記32章21～32節
21こうして贈り物は彼より先に渡って行ったが、彼自身
は、その夜、宿営にとどまっていた。22その夜、彼は起き
上がり、二人の妻と二人の女奴隷、そして十一人の子どもたちを連れ出し、ヤボクの渡し
場を渡った。23彼らを連れ出して川を渡らせ、また自分の所有するものも渡らせた。24ヤ
コブが一人だけ後に残ると、ある人が夜明けまで彼と格闘した。25その人はヤコブに勝て
ないのを見てとって、彼のももの関節を打った。ヤコブのももの関節は、その人と格闘し
ているうちに外れた。26すると、その人は言った。「わたしを去らせよ。夜が明けるから。」
ヤコブは言った。「私はあなたを去らせません。私を祝福してくださらなければ。」27その
人は言った。「あなたの名は何というのか。」彼は言った。「ヤコブです。」28その人は言っ

た。「あなたの名は、もうヤコブとは呼ばれない。イスラエルだ。あなたが神と、また人と戦って、勝ったからだ。」[29] ヤコブは願って言った。「どうか、あなたの名を教えてください。」すると、その人は「いったい、なぜ、わたしの名を尋ねるのか」と言って、その場で彼を祝福した。[30] そこでヤコブは、その場所の名をペヌエルと呼んだ。「私は顔と顔を合わせて神を見たのに、私のいのちは救われた」という意味である。[31] 彼がペヌエルを通り過ぎたころ、太陽は彼の上に昇ったが、彼はそのもものために足を引きずっていた。[32] こういうわけで、イスラエルの人々は今日まで、ももの関節の上の、腰の筋を食べない。ヤコブが、ももの関節、腰の筋を打たれたからである。

8月も第四主日となりました。礼拝にようこそいらっしゃいました。先週は、「天からのはしご」。今日の箇所はそれから20年後です。ヤコブは20年間、伯父ラバンのもとで寄留して働いてきました。無一文でラバンのところに来たヤコブは、今やラバンの二人の娘レアとラケルを妻とし11人の息子、末っ子のベニヤミンはこの段階ではまだ生まれておりませんので11人、そして多くの家畜を持つようになりました。しかしヤコブはハランの地に留まることはなかった。

「主はヤコブに言われた。『あなたが生まれた、あなたの父たちの国に帰りなさい。わたしは、あなたとともにいる』」（31・3）

カナン生まれのヤコブは、エサウから逃れて一時的にハランという所にいました。けれども神さまが帰りなさいとおっしゃった。だから今、ヤコブは20年ぶりの故郷へ向かって旅立つわけです。それは20年前ベテルでヤコブに出会ってくださった神さまの祝福が今も有効であることを示すものでありました。

「わたしは、あなたの父アブラハムの神、イサクの神、主である。わたしは、あなたが横たわっているこの地を、あなたとあなたの子孫に与える。あなたの子孫は地のちりのように多くなり、あなたは、西へ、東へ、北へ、南へと広がり、地のすべての部族はあなたによって、またあなたの子孫によって祝福される」（28・13〜14）

地上のすべての民族があなたとあなたの子孫によって祝福される、だから世界の祝福の通路となるために帰れ。神さまはそうおっしゃいました。20年を経てようやくその時がやってきたわけです。ヤコブは今、故郷へと向かいます。しかし帰るにはエサウとの問題が解決されなければならない。きっとエサウは自分のことをまだ怒っているだろう。長男の権利を騙し奪い取ったことを怒っているだろう。まだ私の命を狙っているんじゃないか。ヤコブはそういう恐れを持っています。彼の祈りの中にそれが見えます。

「どうか、私の兄エサウの手から私を救い出してください。兄が来て、私を、また子どもたちとともにその母親たちまでも打ちはしないかと、私は恐れています」(32・11)

「その母親」というのはつまりヤコブの妻のことですけれども、家族全員を打つんじゃないか、殺されるんじゃないかと恐れている。そう恐れるヤコブに、その夜、不思議なことが起こります。

「ヤコブが一人だけ後に残ると、ある人が夜明けまで彼と格闘した。」(32・24)

一晩中格闘があった。ある人というのは誰か。

「そこでヤコブは、その場所の名をペヌエルと呼んだ。『私は顔と顔とを合わせて神を見たのに、私のいのちは救われた』という意味である」(32・30)

神の顔、顔と顔とを合わせて神さまを見るところです。このペヌエルという場所でヤコブが会ったのは神さま。朝まで格闘した相手は神さまだった。その格闘の結果が28節に書いてあります。

「その人は言った。『あなたの名は、もうヤコブとは呼ばれない。イスラエルだ。あなたが神と、また人と戦って、勝ったからだ』」(32・28)

神さまは「あなたの勝ちだ」と言った。しかし本当にヤコブが勝ったかどうかは怪しいところがあります。と言いますのはヤコブはこの戦いの中でもものつがい、つまり腰の筋肉をはずされてしまった。その後は片足を引きずって歩くことになるわけです。これを勝ったと言えるのかどうか。この箇所を読むと思い出すのがマルコ7章です。そこにはイエスさまがツロという異邦人の地方に旅をされた時のことが出てきます。ツロは異邦人の町ですから、イエスさまは異邦人に会うわけです。一人の女性がイエスさまのところにやって来る。

「彼女はギリシア人で、シリア・フェニキアの生まれであったが、自分の娘から悪霊を追い出してくださるようイエスに願った」（7・26）

この女性に対してイエスさまは素っ気ないと言うか、冷たいと言うか、そういう言葉をかけられる。

「まず子どもたちを満腹にさせなければなりません。子どもたちのパンを取り上げて、小犬に投げてやるのは良くないことです」（7・27）

子どもたちというのはユダヤ人のことで、小犬というのは異邦人のことです。「私はまずユダヤ人のために来たのであって異邦人のためではないよ、あなたのためではないよ」というのです。ところがこの女性は食い下がるわけですね。

「主よ。食卓の下の小犬でも、子どもたちのパン屑はいただきます。」（マルコ7・28）

まことに信仰に立った願いをし続けるのです。そこでイエスさまは言われます。

「そこまで言うのなら、家に帰りなさい。悪霊はあなたの娘から出て行きました」（同7・29）

字面だけを追っていくと、イエスさまは助けてあげたくなかったのに、この人の押しがあまり強いのでそれに負けて、押し切られて、嫌々助けたんじゃないか、そんな印象を受けます。でもそれは本当にそうなのか。イエスさまはそもそもユダヤ人も異邦人も全ての人をあわれんでこの世界に来てくださった。そもそもツロというのは異邦人の町に行かれたのはどうしてか。それは異邦人を助けるためだったに違いないわけです。そうじゃなかったら行くはずがない。イエスさまはこの女性に押し切られたように見えるけれども、このように思いめぐらすならば、ちがったふうに読めると思います。イエスさまはわざと負けてくださった。語り合いの中で、イエスさまがこの女性の信仰を成長させ、確信をもってイエスさまに迫ることができるようにしてくださった。大胆にイエスさまに近寄り、大胆にイエスさまに願うことができるように、この会話を通して彼女の信仰を引き出し、そして引き上げてくださった。そう読むのが正しいのではないかなと思うんです。悪霊を追い出すことももちろんイエスさまの願いであったけれども、それとともに、イエスさまはもう一つの願いを持っておられた。それはこの女性の信仰の成長。イエスさまは負けたと言えば負けたかもしれない、けれども本当に勝ったのもやはりイエスさまだったのではないか。この女性の願いを聞き届け、そして同時にその信仰も成長させてくださった。

人は神さまに勝つことはできません。もし人が神さまに勝ったように見えるならば、それは神さまの方から寄り添ってくださって、そう認めてくださったということだと思います。別の言葉で言うなら、もともと神さまにとっては勝ったとか負けたとかは問題ではない。むしろ「格闘」というほど近しい交わりの中で私たちが成長することを願っておられる。そして私たちが成長していく時に「あなたは私に勝ったよ」と、そういう言葉で励ましてくださる、そのようなお方であることを思わされます。

創世記に戻りましょう。ヤコブは今、大変恐れています。今にもこの祝福の約束、つまり自分がカナンで祝福され、世界の祝福になるという約束から逃げ出してしまいそうなぐらい怯えています。世界の祝福の通路になりたいとは思うのだけれども、足が前に出てない。神さまはそんなヤコブのところに来てくださった。20年前は天からのはしごを伝ってヤコブのそばに立ってくださった。その時もヤコブは神さまに会って、しかも「私は生きている」と、とても驚いた。でも今回はそれどころではない、かたわらどころではない。もっと近くに来てくださって、ヤコブをつかんで格闘してくださった。かたわらにいるどころか、直接触れ合っている。それもただチョンチョンと触るんじゃなくて、がっちりと組み合って、神さまに捕まり、締め上げられ、抱きしめられているんです。ヤコブもまた力いっぱい神さまを掴んで、締め上げて、抱きしめている。これ以上ないような近さで、彼は神と触れ合っている。この場面を描いた絵画などを見ますとヤコブの頭が神さまの胸に押し付けられて抱きしめられている、そんなレスリングのような情景が描かれています。この格闘は「神さまに祈る」ということがどういうことかを私たちに教えていると思います。

毎月の予定表の中で信仰良書を紹介していますが、9月の予定表でご紹介したのは関真士先生が書いた「霊的成熟を目指して」という本です。関先生はハワイで日本人教会を牧会している方です。その本の中で祈りについて書いていることを読んで、私はとても心を動かされました。そこには「人格的な祈りを捧げることが大切だ」と書いてありました。祈りには人格的な祈りと、非人格的というか人格的でない祈りがあるというのです。人格的でない祈りというのは何か。願いがかなったかかなわなかったか、その結果だけを問題にする祈りが人格的ではない祈りだと言います。そういう祈りしか知らなくても、願いがかなった時には「あぁ、神さまありがとうございます、この事をかなえてくださってありがとうございます」と言える。けれども願いがかなわなかったり、あるいはしばらく留められていて進展を見せないと、結果が出ないのは祈りが足りなかったと自分を責め、今度はもっと祈ろうと言って納得しようとする。あるいは「神さまが願いを聞いてくださらないということは、神さまが私を愛していないのではないか」と、神さまがよく分からなく、ぼんやりとなってしまう。人格的ではない祈りには共通点があります。願いがかなったか、かなわなかったか、その結果だけが問題になっているんですね。そこに至るまでの過程、プロセスというのは全然問題になっていない。人格的でない祈りにはそういう大きな問題があります。神さまは「あなたは神と戦い、人と戦って勝った」とおっしゃったけれども、そこで問題になっているのは勝ったか負けたかという結果じゃないですよね。そうじゃなくて、そこに至るまで一晩中神さまと触れ合い、押したり引いたりして神さまと掴み合った、そのプロセスが問題になっている。私たちの祈りが神さまに勝ったから、神さまが願いを聞いてくださった、これはおかしなことです。あるいは神さまが願いを聞いてくださらなかったら、それは私たちの祈りが神さまに負けたということなのか。そういう話では全然ないわけです。祈りとは力ずくで、熱心さで神さまを負かすことではない。

人格的な祈りはそれとは反対。結果よりそこに至るプロセスに目を留めて、プロセスを大切にする。神さまに祈る時、そこで問われているのは、祈りの中で神さまとどう交わったか。人格的な交わりが起こっているかどうか。人格的な交わりが起こっているならば、私たちはその中で変えられていく。祈る中で成長していく。もちろん神さまは何でもお出来になるお方です。私たちの願いをかなえることはもちろんお出来になる。むしろ神さまは何でもお出来になるお方だから、小さな私たちが小さな考えで「このことが良いことだ」と思い願っているより、もっと素晴らしいものを与えてくださる。私たちが願ったちょうどそのことをちょっきりそのとおりかなえるのではなく、もっと素晴らしいものを与えてくださる。神さまとの交わりの中で、私たちは神さまに似たものに変えられていく。ただ単に「これが欲しいな、これがかなった」というのではないんです。「それもまたそのようにしてあげよう、だけどあなたが想像するよりもっと素晴らしい形で与えよう」と神さまは仰ってくださる。もともと神のかたちに造られた私たちです。そのかたちに回復させるために、神さまは私たちが祈る、その祈りを用いてくださる。私たちが願う、その願いを用いて私たちを回復させてくださる。回復への願いはもともと私たちの祈りには含まれていなかったかもしれない。でも神さまは、私たちが素晴らしいことを求めないならそれを与えないというお方ではない。求めなくても、求めたもの以上に素晴らしいものを人格的な交わりの中で与えてくださる、そういうお方です。祈りの中で私たちとの人格的な交わりを持つことを神さまは願っておられる。願い事がかなうかかなわないか、と結果だけを大切にする祈りは人格的な交わりを無視した祈りです。機械的な祈りと言っていいかもしれない。しかし私たちの機械的な祈りをさえ、それを徐々にかなえたり、今しばらく留め置いたり、そうしながら素晴らしいものを見せたりしながら、神さまは私たちの祈りを人格的な祈りに変えてくださる。そういうお方であることを覚えておきたいと思うんです。

ではどうしたら人格的な祈りをすることができるのか。関先生によれば、大切なのは私たちが偽りのない言葉を用いること。これは先生が聖書全体から、またいろいろな牧会の経験から仰っていることです。偽りのない言葉というのは何か。詩篇を見ればよく分かります。詩篇には「いつまで御顔を隠しておられるのですか」というような疑いが記されていたり、「敵に復讐してください」という呪いのような言葉がたくさん出てくる。いずれもクリチャンらしくないといえば、そうなのかもしれない。けれども神さまはそのような言葉を、偽りのない言葉として認めてくださる、禁じてはおられない。禁ずるどころか、聖書の中にそのまま残してくださっている。私たちがささげ得る祈りの形の一つとして、ずっとそこに残っているわけです。自分で納得もしていないのにそれらしい形を作り、それらしい祈りを捧げるのではなく、「神さまどうしてなのですか、いつまでですか、酷いじゃないですか。」、そのような偽りのない本心を申し上げる。その時に、本当に人格的な交わりが始まっていく。もし私たちが本心を隠して偽善者となるならば、私たちが神さまに見てもらいたいのはそこまでということです。「お見せできるのは、よそ行きの小ぎれいな信仰までです。」と言うならば、神さまはそれより中に入って来ることをなさらないのです。本心を偽るなら神さまとの人格的な交わりは生まれない。本心を申し上げ神さまと本音のキャッチボールをする、そのような人格的な交わりの中で私たちは変えられていく。祈りは必ず聞かれるんだけれども、聞かれる時に、その祈りはもはや私たちが最初に持ち出した祈りではなくて、神さまに引き上げられた祈りとしてかなえられていく。すぐにではないかもしれないけれど、私たちが最初に考えていたよりもはるかに素晴らしい形で聞かれることを経験する。

ヤコブはこの夜、ただただ恐れていた。この20年間で得た家族や財産を失うこと、そして何より自分の命を取られることを恐れていました。ただただ恐かった、恐れていた。彼はその恐れをそのまま神さまに申し上げた。「神さま、私は恐い、エサウが恐ろしい」と言った。本音で神さまに打ち明けた祈りは、一方通行には終わりません。「エサウが自分を憎んでいるのが恐い」と言ううちに、その原因は自分にあることに気付いていくのです。自分がエサウを騙したからです。もし自分がエサウだったら、決して自分をゆるすはずはないだろう、必ず命を奪うだろう、エサウもそうに違いない。「神さま恐い、命だけはどうか助けて欲しい」と叫び続ける中で、彼はその原因となっている自分の罪に目が開かれていきます。その中で神さまは

「わたしを去らせよ。夜が明けるから」(32・26)

もうこの辺りにしないかとおっしゃるわけです。けれども、ヤコブは「私はあなたを去ら

せませんと」言ってしがみつきます。ここに至ってはもはや格闘ではなくなっています。この時すでに、ヤコブのものつがいは外されている。倒れそうになっている。ヤコブが神さまにしがみついている。しがみついてなかったら倒れてしまう、その倒れそうなヤコブを神さまが胸に抱いて支えてくださっている。抱きしめてくださっている。そういうことが起こっています。こうして神さまの胸の中で、ヤコブは自分の恐れの原因である罪をはっきりと見せられた。

ヤコブは生まれてくる時にエサウを押しのけた人です。とてもエネルギーに溢れた、積極的な性格だったのだろうと思います。それは一つの賜物であったと思う。そしてもう生まれる前から、もうヤコブは神さまにイサクの後継者として指名されていた、選ばれていた。ヤコブには神さまからの賜物と選びがありました。一族を率いていく者として、ヤコブはその賜物と選びを正しく愛をもって用いるべきであったのです。神さまはヤコブに一族の導きを委ねようとされていました。それは与えられた賜物をただ自分のためではなく、一族の祝福のために用いるためでした。ヤコブと比べると兄エサウというのは、どっちかと言うと頼りないですよね。いつもその場限りのことで動いていきます。お腹が空いていたらスープで長子の権利を売ってしまう。素朴と言えば素朴な人ですけれども、思慮の足りない、指導的な立場にはふさわしくない人であったと思います。後には何も考えないで、カナンに住む異教徒ヘテ人の娘たちを妻にしてしまいます。これは父イサクと母リベカの心に適わないことでした。そして約束の地、自分が受け継ぐべき地カナンではなくて、エドムという死海の反対側の遠いところに住むわけです。

ヤコブは一族のリーダーとして、こういうお兄さんのエサウを覆い、助け、導いて、協力し、一族一緒に世界の祝福の基となるようにすべきだったのです。神さまがヤコブを選び、賜物をもって祝福したのは、愛をもって一族をそのように導くためでした。それなのにヤコブはその選びと賜物を自分のために、ただ自分の利益のために用い、エサウを騙した。その結果、エサウはただ憎しみだけを握りしめることになった。もしヤコブがエサウに「僕たち一族に神さまが与えておられる使命はこういう使命なんだ、こういう祝福なんだ」と伝えることができたら、ずいぶん違っていただろうなと思います。でも、ヤコブにはそうすることができなかった。

神さまの胸の中でヤコブの祈りは変わっていきます。最初はただ恐れて、命を助けてくれと祈っていた。ところが26節。

「私はあなたを去らせません。私を祝福してくださらなければ」（32・26）

ここで祝福という言葉が出てまいりました。この祝福は、ただ命が助かるという祝福ではなかったと思います。自分が選ばれていることは、幼い頃からきっと母リベカから聞いていたでしょう。そしてベテルで神さまは再び約束してくださった。その通りに私を祝福してください。自分で台無しにしてしまったあなたの祝福を回復してください。私を通して神さまが世界を祝福してくださるという、その大きな祝福を回復してください。そう祈るようになりました。エサウとの関係も回復してください、私たちを通して世界を祝福してください。私にはそんなことを願う資格はもうないけれども、ただあなたのあわれみのゆえにその祝福を回復して欲しい。ヤコブはそのようにしがみつきました。ヤコブの祈りが変わった。そして神さまはこの祈りをよしとされました。どうしてそんな風に変わったか。それはヤコブが神さまと交わったから、これ以上ないほど人格的な交わりのうちに取っ組み合い、抱きしめ、抱きしめられたからです。その中で神さまはヤコブを変えてくださり、ヤコブの祈りを引き上げ、ご自分が良いとされる祈りに変えてくださいました。そして神さまはおっしゃる。

「あなたの名は、もうヤコブとは呼ばれない。イスラエルだ」(32・28)

イスラエルとは「神と戦う」という意味の言葉です。戦って勝ったのはあなただと、神さまはおっしゃる。でも勝ったと言われたヤコブは、元のヤコブではない。そうじゃなくて、神さまとの人格的な交わりの中で変えられたヤコブ。神さまと祝福のビジョンを共有するようになったヤコブ。神さまは祈りの中でヤコブを変えてくださった。そして「あなたのその祈りをよしとする、あなたはそれでいい」とそう言ってくださった。結局お勝ちになったのは神さまだということを、またここでも思わされます。

そして夜が明けます。この群れの最後に一人で残っていたヤコブでしたけれども、夜が明けると今度は家畜や家族の先頭に立って進んで行きます。

「ヤコブは自ら彼らの先に立って進んだ。彼は兄に近づくまで、七回地にひれ伏した」(33・3)

このお辞儀は、もはやエサウを恐れて命だけでも助けてもらおうという卑屈なお辞儀ではなかっただろうと思うのです。そこには兄への尊敬と、また和解を願うへりくだった心が表れていると思います。そしてヤコブは不思議な言葉を、エサウに対して語ります。

「もしお気に召すなら、どうか私の手から贈り物をお受け取りください。私は兄上のお顔を見て、神の御顔を見ているようです。兄上は私を喜んでくださいましたから」(33・10)

ペヌエルで神の御顔を見たヤコブ。一晩中神さまと人格的な交わりをしたヤコブ。彼の目にはもう、世界は違ったふうに映っているのです。ヤコブとの和解を受け入れてくれたエサウ、この兄の上にも神さまの祝福が注がれている、豊かに注がれている。ヤコブはそれを見ることができました。一度ベテルで、ヤコブは天からのはしごを降りて来られた神さまに出会いました。でもその時は驚くばかりで、神さまとの深い交わりがあったわけではありません。けれどもペヌエルでは、夜通し神さまとの人格的な交わりを通して変えられた。エサウを見る目も変わった。もはや恐るべき、わけの分からない相手ではなくて共に神の祝福の中を歩むパートナーとして、共に力を合わせて神さまからの使命を果たしていく仲間として見ることができるようになりました。だから「あなたの顔を神の御顔を見ているように見ています」と言うことができました。エサウの上に注がれている神さまの祝福を喜ぶことができた。

ところが、エサウの方はそうではなかったようです。彼はヤコブを誘って、一緒にエドムに行って住もうと言うわけです。神さまの約束は、約束の地カナンに住み、そこですべての国民の祝福となることだったのだけれども、エサウはエドムへと向かって行く。ヤコブはそうはしないで、カナンへと向かいます。ヤコブにとって神さまからの使命はもうすでにはっきりとしていました。それは、カナンの地に住み諸国民の祝福の通路となる、そのような使命でありました。

祝福の秘訣と題して話しました。祝福の秘訣とは何か。それは神さまとの人格的な交わりにあります。交わりの手を差し伸べてくださっている神さまに心を開いて本音の祈りを捧げるとき、神さまは私たちを造り変えてくださいます。そして私たちに実現しようとしてくださっている、私たちの想像を超えた本当に素晴らしい祝福を成し遂げてくださることを、この朝覚えたいと思います。

誘惑に陥らないために

聖書　創世記39章5～23節

5主人が彼にその家と全財産を管理させたときから、主
はヨセフのゆえに、このエジプト人の家を祝福された。そ
れで、主の祝福が、家や野にある全財産の上にあった。6主人はヨセフの手に全財産を任
せ、自分が食べる食物のこと以外は、何も気を使わなかった。しかもヨセフは体格も良く、
顔だちも美しかった。7これらのことの後、主人の妻はヨセフに目をつけて、「一緒に寝ま
しょう」と言った。8しかし彼は拒んで、主人の妻に言った。「ご覧ください。ご主人は、
家の中のことは何でも私に任せ、心配せずに全財産を私に委ねられました。9ご主人は、こ
の家の中で私より大きな権威をふるおうとはせず、私がするどんなことも妨げておられま
せん。ただし、あなたのことは別です。あなたがご主人の奥様だからです。どうして、そ

のような大きな悪事をして、神に対して罪を犯すことができるでしょうか。」10 彼女は毎日
ヨセフに言い寄ったが、彼は聞き入れず、彼女のそばに寝ることも、一緒にいることもし
なかった。11 このようなある日のこと、彼が仕事をしようとして家に入ると、家の中には、
家の者が一人もいなかった。12 彼女はヨセフの上着をつかんで、「一緒に寝ましょう」と
言った。しかしヨセフはその上着を彼女の手に残し、彼女から逃れて外へ出た。13 彼が上
着を彼女の手に残して外へ逃げたのを見ると、14 彼女は家の者たちを呼んで、こう言った。
「見なさい。私たちに対していたずらをさせるために、主人はヘブル人を私たちのところに
連れ込んだのです。あの男が私と寝ようとして入って来たので、私は大声をあげました。15
私が声をあげて叫んだのを聞いて、あの男は私のそばに上着を残して、外へ逃げて行きま
した。」16 彼女は、ヨセフの主人が家に帰って来るまで、その上着を自分のそばに置いてお
いた。17 彼女は主人に、このように告げた。「あなたが私たちのところに連れて来た、あの
ヘブル人の奴隷は、私にいたずらをしようとして私のところに入って来ました。18 私が声
をあげて叫んだので、あの男は私のそばに上着を残して、外へ逃げました。」19 彼の主人は、
「あなたの奴隷がこのようなことを私にしました」と告げた妻のことばを聞いて、怒りに燃
えた。20 ヨセフの主人は彼を捕らえ、王の囚人が監禁されている監獄に彼を入れた。こう

して彼は監獄に置かれた。[21]しかし、主はヨセフとともにおられ、彼に恵みを施し、監獄の長の心にかなうようにされた。[22]監獄の長は、その監獄にいるすべての囚人をヨセフの手に委ねた。ヨセフは、そこで行われるすべてのことを管理するようになった。[23]監獄の長は、ヨセフの手に委ねたことには何も干渉しなかった。それは、主が彼とともにおられ、彼が何をしても、主がそれを成功させてくださったからである。

ようこそいらっしゃいました。この9月初めの礼拝を「振起日《しんきび》礼拝」と呼ぶことがあります。夏休みが終わって、新たな思いを「振るい起こして」また信仰生活を歩き始めましょう、という意味のようです。まだ暑いですけれども、私たちもなお主に近づき、ご一緒に歩んで参りたいと思います。

先週は、ヤコブがカナンに帰ってきたところを読みました。ヤコブには兄エサウを騙した過去があったので、復讐されるんじゃないかと思って恐れていた。そこへ神さまが現れて、恐れ震えているヤコブと格闘する。ヤコブを抱きしめ、掴み、締め付けるようにして夜明けまで一緒にいてくださいました。ヤコブもまたむしゃぶりつくように神さまを掴み抱きしめた、そうしているうちにヤコブの恐れは変わっていく。神さまが自分を通して世界を祝福しようとしておられる、そういう使命を彼は深く知ります。そのように祈りの中で神さまに抱きしめていただく時、私たちは変えられていく。そして恐れから解き放たれて、神さまの与えてくださる使命に生きるようになっていく。これが先週のところでした。

アブラハムという人が最初のユダヤ人だったんですが、その息子がイサク、孫がヤコブですね。彼らの生涯を見るときに一つ、気がつくことがあるんです。それは、彼らが何か特別なことをした人ではないということ。何か特別な力があって、その力で他の部族を征服したというわけではない。あるいは偉大な預言者で、すごい預言をして周りの国々が驚き回心したというわけでもない。アブラハム、イサク、ヤコブがしたことは、つまるところは神さまを礼拝し、山羊や羊を飼い、結婚して子どもを育てた。それだけのことと言えばそれだけのことなんです。そういう意味では私たちの毎日の生活と特に変わることはない。けれどもそうやって神さまを仰ぎながら一日一日をていねいに生きていく、これはとても大切なことだと思います。

実はキリスト教会の歴史は、そういうきちんとした一日一日の積み重ねであると言っていいと思うんです。２０００年前、教会が誕生したペンテコステの日に３０００人ほどの人びとが信じたとあります。最初の教会は３０００人くらいだったんですよ。ところが、それからわずか300年ほどで教会の人数は500万人になってるんです。ローマ帝国の人口の10パーセントがクリスチャンになったと言われている。500万人と聞くと次から次へと人が雪崩のように救われて行ったのかと思います。でも計算してみると3000人が300年で500万人になるには、10人いたクリスチャンが10年間で14人になればいい。それを繰り返していくと、300年で500万人になるんですね。10年間で10人が14人なんです。爆発的というより、もっと地道なことが起こっているわけです。当時は人びとはあまり移動しませんので、ほとんどの人は生まれた場所で育ち、暮らし、そしてそこで死んでいく。ですからパウロのような旅する伝道者でもなければ、まったく知らない人に伝道することはほとんど無かっただろうと思います。身近な人びと、つまり家族とか近所の人たちとか仕事仲間ですとか、そういう毎日会う人びとの中から救われる人たち、イエスさまを信じる人たちがだんだん起こされていったのです。10年かかって10人のクリスチャンの集まりに4人の人が加わっていく。そういうことが起こっていった。

でも身近な人というのは案外難しいですね、24時間私たちのことを見ているわけですから。私たちが口でどんな立派なことばを語っても、彼らは私たちの生活の中に本当の愛が現れているか、新しい生き方が始まっているかを毎日じっと見ている。同じように食べたり寝たりしているんだけれども、その地道な毎日の中で愛に生きているのかをじっと見ているわけです。そして、そこに注がれている神さまの恵みに触れた時、信仰の群れに加えられていくのです。「日本人はなかなかクリスチャンになりませんねぇ」と言って焦ったりするんですけど、大切なことは一日一日をきちんと生きる、神さまを信頼してきちんと生きることだと、そのように思います。

先ほど読んでいただいたヤコブの11番目の息子、ヨセフの生き方はまさにそのような生き方でありました。ヨセフという人は男12人兄弟の11番目なんです。お父さんはヨセフをとっても愛した、もうえこひいきみたいに愛したわけです。一人だけ違う服、袖付きの長い服を着ている。きっと他の兄弟たちは袖がついてない、何かつんつるてんのような服を着てたんじゃないかと思いますけど、そんな中一人だけ新しい服を着ている。だから兄たちはヨセフをとても憎んだ。当時、兄弟の順番って絶対的ですから一番上が一番良いものをもらって当たり前なのに、下から二番目のヨセフがどうしてえこひいきされるんだ、と言って妬んだ。その妬みがすごく激しかったので、お兄さんたちはヨセフを殺そうとする。ただ危ないところで「それはさすがにまずい」ということで彼は通りがかりの人に売られ、連れて行かれて奴隷にされてしまう。連れて行かれた先はエジプトです。当時のエジプトの支配者はファラオですけれども、その侍従長ポティファルという非常に身分の高い役人に買われました。そして奴隷としてその家で働き始めるのですが、ポティファルがヨセフを大変気に入ります。家中のすべての仕事や財産の管理を任されるほどに信頼される。

「それでヨセフは主人の好意を得て、彼のそば近くで仕えることになった。主人は彼にその家を管理させ、自分の全財産を彼に委ねた」(39・4)

どうしてそんなことが起こったのか。エジプト人でもない、どこから来たか良くわからない外国人、それもまだ少年です。その少年がどうしてそんな信頼を勝ち得ることができたのか。それはヨセフが自分の置かれた場所、売られて行ったポティファルの家できちんと生きたから。彼は与えられた仕事を果たし主人やその家族、周りの人びとに尊敬と愛を持って生きました。感謝を持って生きることができました。それが簡単なことだとは思わないでください。ヨセフはまだ少年なんです。しかも兄たちに殺されかけるという、本当に凄まじい経験をするわけです。その揚げ句、言葉もよくわからない遠いエジプトで奴隷にされてしまう。恐らく一番の下働きから始まったでしょう。でもそこで投げやりに嫌々働くのではなく、心を込めて働きました。そして成功した。

「主がヨセフとともにおられたので、彼は成功する者となり、そのエジプト人の主人の家に住んだ」（39・2）

以前の新改訳第三版では「彼は幸運な人となり」と訳されていました。「幸運」というと何か宝くじに当たるような、そういう「幸運」を思い浮かべるかも知れません。確かにヨセフが世話をした家畜や畑がうまく育ったり、あるいはヨセフの売り買いが利益を生み出すというようなこともあったかもしれない。だけど、その幸運がどこから来たかって言うと、彼が生まれつきラッキーな男だったからじゃないのです。神さまがヨセフと共におられたから。ですから、一番の「幸運」とは何なのか。それは神さまが私たちと共にいてくださるということ。そういう意味で、ここに集った私たちはみんな一番幸運な人たちだと言うことができると思います。

ヨセフはエジプトでずっと兄たちを恨み続けて「どうせ俺はこんな風に捨てられた人間なんだ」と自暴自棄にもなり得たわけです。やけくそになって、反抗的な奴隷になって、鞭で打たれながら嫌々生きる。そんな可能性も十分あったのです。でもそれは、今日をきちんと生きるという生き方ではないですね。そうじゃなくて、過去に支配される生き方です。過去に他の人から加えられた害に支配され、罪に支配されて生きる人生。あるいは逆に、父の家に帰ることばかり考えて、毎日逃げ出す方法ばかり考えて生きることもできました。しかしそれもまた、今日をきちんと生きるという生き方ではありません。それは今日をおろそかにして生きること。今いるところ、なすべきところに心がないんです。心が昨日にあったり明日にあったりして、今ここで生きていない。そういう生き方もあり得たんだけれども、ヨセフはそうではなかった。彼は今日をきちんと生きたんです。そうさせてくださったのは神さま。神さまが共におられて、ヨセフがきちんと今日を生きることができるようにしてくださいました。不思議なことにポティファルもそのことに気が付いています。

「彼の主人は、**主**が彼とともにおられ、**主**が彼のすることすべてを彼に成功させてくださるのを見た」(39・3)

ヨセフの神さまを知らないはずのエジプト人ポティファルですが、主がヨセフとともにおられることを見た。主が成功させてくださるのを彼は知った。ひょっとしたらポティファルが「よくやってくれるね」と声をかけたときにヨセフは「そうじゃないんです、私をそのようにさせてくださるのは神さまです」と言ったのかも知れない。あるいは「ヨセフが礼拝している神さまは私の信じている神さまと違うな」ということを感じ取ったのかも知れません。いずれにしてもポティファルは、ヨセフを見ることによって神さまを見たのです。自分が知らなかった神さま、主というお方がおられることを知りました。ヨセフを通してそういうことが起こった。私たちが今日をきちんと生きるとき、昨日でもなく明日でもなく今日をきちんと生きるとき、神さまは知られていきます。神さまはそのようにご自分を知らせることを願われる。私たちの当たり前の生活を通して、神さまが知られていきます。毎日、色んな出来事が起こってきます。困難も起こってくるんだけれど、そこできちんと悩む。悩みながらもきちんと生活する。きちんと自分の役割を果たしていく。そういう中で、人びとは私たちとともにおられる神さまを知っていきます。そういう私たちの毎日を、神さまが支えてくださいます。私たちが今日をきちんと生きることができるのは、イエスさまの十字架によって過去の罪が赦されているから、そして明日の思い煩いを復活の主にお委ねすることができるから。だから過去の罪に責められ続けるのでもなく、未来への余計な思い煩いをすることなく、今日を今日としてきちんと生きることができます。
この後ヨセフはさらに困難な場所で生きることになります。無実の罪で監獄に入れられてしまうのです。今までは奴隷でした、もうそれだけで十分なぐらい困難ですけれども、さらに奴隷で囚人というところまで落とされてしまう。しかしヨセフは監獄の中でもきちんと生きるのです。

「しかし、**主**はヨセフとともにおられ、彼に恵みを施し、監獄の長の心にかなうようにされた。監獄の長は、その監獄にいるすべての囚人をヨセフの手に委ねた。ヨセフはそこで行われるすべてのことを管理するようになった。監獄の長は、ヨセフの手に委ねたことには何も干渉しなかった。それは、**主**が彼とともにおられ、彼が何をしても、**主**がそれを成功させてくださったからである」（39・21〜23）

「成功させてくださった」とありますが、監獄で成功するというのはどういうことでしょう。そもそも監獄にいること自体が失敗なんじゃないかって私たちは思いがちです。私たちもそもそも、私たちが今いる場所、今いる職場、今いる家族自体が失敗なんじゃないかと、そう思っているかも知れない。ここで成功するってどういうことなんだろうと思うことがあるかも知れない。でも、神さまはそのようにはご覧になっていない。今日私たちが置かれている場所で、神さまは成功させてくださる。ヨセフがいることによって監獄という場所は変わっていきました。罪を犯し心のすさんだ人びとがいたことでしょう。でもヨセフがいることによって、そこに恵みがあった。監獄の長が何もしなくても、ヨセフがそこにいるだけで平和が生まれる、愛が生まれる、揉め事がなくなる。ここで本当に幸せになれるんだろうか、と私たちが思う場所で神さまは私たちを成功させてくださる。私たちを通してそこを祝福し、そこを変えてくださる。他の場所ではなく、今日私たちが置かれているその場所で成功させてくださる。置かれた場所できちんと生きることは、神さまの目には大成功です。そんな毎日を積み重ねていくことによって、神さまはご自分の大きな祝福を世界へと実現して行かれます。今日の私たちの生き方が世界の救いに繋がっていく。小さな私たちの毎日が大きな祝福へと繋がっているのです。

ヨセフがなぜ監獄に入ったかというと、ポティファルの妻が彼を誘惑したからです。これは若いヨセフにとって大きな誘惑であったはずです。でも、このときヨセフを取り巻いていたのはこの誘惑だけではなかったことを忘れないでいたいと思うんです。ヨセフはポティファルの全財産を委ねられていましたよね。だからヨセフは手づかみにできるような財産、富が目の前にあったわけです。ポティファルは自分の財産を一切顧みなかった、何も気を使わなかったのですから、その一部を自分のものにするのはいとも簡単なことでした。富に対する欲望、富に対する誘惑もあったわけです。また、家中の他の奴隷や使用人たちもすべてヨセフの監督の下にありました。もしヨセフが自分の好きなようにしようと思ったら、家中の人びとを支配することもできた。力で支配することができた。誰かを叩こうと思ったら叩くことができた。言うことを無理やり聞かせようと思ったら、それもできた。力に対する誘惑、それもまたヨセフを取り巻いておりました。うちのどこかに「マネー・セックス&パワー」(ジョン・パイパー著)という何かむくつけきタイトルの本があるんですが、表紙を見た友だちが言いました。「金、性、権力か、ここに人生の誘惑の全てがあるな」と。この三つが全てかどうか、他にもありそうな気もしますけれども、とにかくヨセフはそういう大きな誘惑に取り巻かれていた。もし神さまを知らなかったら、ヨセフのような境遇に置かれると簡単に自分を憐れんでしまうと思うんです。「私はこんなに大変なんだから、ちょっとくらい誘惑に身を委ねてもいいいんじゃないかな」と。けれどもヨセフはその誘惑に陥ることはありませんでした。彼は「違う」とはっきり言っている。「私はそういうことをすることはできない」とはっきり断っている。

ヨセフが誘惑を断ることができた理由は二つあります。第一に39章9節の終わりのところ。

「どうして、そのような大きな悪事をして、神に対して罪を犯すことができるでしょうか」(39・9)

第一の理由は、それが神さまに対する罪だからです。もちろんそれはポティファルの信頼を裏切ることなのだけれども、何より神さまのみ心に反すること、神さまを悲しませることです。ヨセフの物語を読んでいると、繰り返し「神さまがヨセフとともにおられた」と言われている。でも神さまとヨセフの関係は、ただ一方的に神さまがヨセフとともにおられたというだけじゃない。ヨセフもまた神さまとともにいたんです。一方的に神さまが、ただそこにチョンといてくださったというんじゃなくて、神さまはヨセフと人格的な交わりの中にいてくださったのです。新約聖書を一か所開いていただけますか。

「神に近づきなさい。そうすれば、神はあなたがたに近づいてくださいます。罪人たち、

手をきよめなさい。二心の者たち、心を清めなさい」（ヤコブ4・8）

「神に近づきなさい」とヤコブは書いています。もちろん神さまは私たちとともにいてくださるけれども、さらに意識的に神に近づくような、神さまとのもっと親しく近い交わりがあると聖書は教えています。神さまを愛して、そんな風に神さまに近づきなさいというんですね。実は、ヤコブ書のこの箇所は誘惑について書かれている部分でもあります。

「ですから、神に従い、悪魔に対抗しなさい。そうすれば、悪魔はあなたがたから逃げ去ります。神に近づきなさい。そうすれば、神はあなたがたに近づいてくださいます」（4・7〜8）

ここに、誘惑に陥らないためにはどうすればいいか、どうしたら守られるかが記してあります。神に近づくことです。神さまとの人格的な交わりの中に生きることです。そのように生きるならば、神さまが守ってくださる。その誘惑、その罪に対して神さまがどれほど悲しまれるかを深くわかればわかるほど、その誘惑から守られる。決してそのような罪に近づくまいぞと、私たちは強くされていきます。父なる神さまとの交わりというときに、私たちの模範になるのはやっぱりイエスさまです。

イエスさまが荒野で誘惑にあわれたときも、その誘惑を退けることができました。その時、悪魔はみ言葉を用いてイエスさまを誘惑しようとしたんです。イエスさまもまた、み言葉を用いて対抗する。同じようにみ言葉を用いているのに、どうしてイエスさまはサタンの誘惑を撃退することができたのか。それは、交わりの深さが違うからです。サタンは都合のいいところだけ取ってきて「聖書にこう書いてあるじゃないか。飛び降りたってケガしないって書いてあるから、高いところから飛び降りて皆が跪くようにしたらいい」というわけです。けれどもイエスさまはもっと深い交わりの中で神さまのみ言葉をいつも聞いているので「神はそんなことを望んでおられない。私の父はそんな表面的なことを望んでおられるんじゃない」と誘惑を退けることができました。私たちがみ言葉を深く知るって大事なことです。自分の好きなみ言葉を断片的に繰り返すだけじゃなくて、聖書全体を何度も通読する。そうすると、神さまがおっしゃりそうなこととそうでないことがはっきりしてきます。神さまがどのようなお方であるかわかってくると、何を求めておられるお方であるかもわかります。だから難しく思える箇所があっても「私が知っている神さまだったらこれはこういう意味に違いない」って聖書全体を通して聖書を解釈していくことができます。そのように聖書を読み神さまのみ心に思いを巡らす。そういう人格的な交わりの中で蓄えられたみ言葉は、私たちを守ります。荒野で悪魔は繰り返し「あなたが神の子だったらこうしたらいい」とイエスさまを誘惑するわけです。「あなたが神の子なら、奇跡を行って神の子であることを証明したらいい。力ある奇跡を行い、人びとを跪かせるような救い主になればいい。」そう勧めるわけです。でもイエスさまは、そうじゃない、とはっきり拒まれた。「私の使命は人びとを跪かせることじゃない。父のみ心はそうじゃない。」イエスさまの使命は十字架と復活によって私たちを赦し、新しいいのちを与えること。そのためにはどうしても十字架につかなければならなかった。ですからイエスさまは人びとを跪かせる道ではなく「父よ、みこころなら、この杯をわたしから取り去ってください。しかし、わたしの願いではなく、みこころがなりますように」と祈って十字架の道を選び取られました。イエスさまはご自分の使命をお忘れになることはなかった。なぜなら、父との交わりの中でその使命に留まることができたから。

荒野での誘惑は40日断食の飢えの苦しみの中での誘惑でしたけれども、人格的な交わりの中で与えられていた使命がイエスさまを誘惑から守った。神さまとの人格的な交わりの中に与えられた使命は私たちを誘惑から守ります。私たちが本当に使命に生きている時には誘惑がものすごく小さなことに感じられる。でも、ふと使命を見失ったような時に、誘惑がガーッと迫ってきて大きなものに感じられる。これは、よく経験することです。

ヨセフにも使命がありました。それは、アブラハム、イサク、ヤコブから継承した使命。世界のすべての民族の祝福となるという使命。父ヤコブはヨセフに袖のついた長服を着せた、それはとても愚かなことだったと思うんです。そう思うんだけれども、まったく意味がないわけでもなかったとも思うんです。ヤコブがヨセフに服を着せるとき、そこにはこんな会話があったことでしょう。ヨセフが「お父さん、どうしてぼくだけにこういう服をくれるの」と聞くと、ヤコブは、アブラハムから始まってイサク、ヤコブ、そしてその子たちに受け継がれるべき一族の使命について語り聞かせただろうと思うんです。「ヨセフ、お前だけはこのことをはっきりと知っていて欲しい。私たちには使命がある。それは本当に大き過ぎて、どういうことなのか良くわからないほどに大きいんだけれど、神さまは私たちを通して世界を祝福される。そういう使命が与えられている。お前はそのことを忘れないように。そして、そのことがはっきりわかったならば他の兄弟たちにも教えてあげてほしい。」そういう会話があったんじゃないかなと思うのです。

ヨセフが誘惑を拒んだ理由は、二つあると申し上げました。一つ目は今申し上げた通り、神さまに罪を犯すことはできないと、神さまに対する愛から彼は罪を犯さなかった。第二の理由は、それが人に対する罪だからです。

「しかし彼は拒んで、主人の妻に言った。『ご覧ください。ご主人は、家の中のことは何でも私に任せ、心配せずに全財産を私に委ねられました。ご主人は、この家の中で私より大きな権威をふるおうとはせず、私がするどんなことも妨げておられません。ただし、あなたのことは別です。あなたがご主人の奥様だからです』」（39・8〜9）

ポティファルという主人はヨセフを信頼し、ヨセフにすべてを委ねました。その信頼を裏切り、彼の愛する妻に対して罪を犯すことはできない、とヨセフは言うわけですね。ヨセフはもともと好きで奴隷になったわけじゃないんです。だから「こんなところに連れて来られて、こんなエジプト人たちの中にいて」と、ひょっとしたらエジプト人全員を敵とみなして憎むこともできた。人によってはそういうことも起こりがちだと思います。この国は敵の国で、こいつもあいつもみんな敵なんだと。そういうふうに感じることもよくあると思うんです。でも、ヨセフはポティファルを一人の人間として見ています。神に造られたポティファルという一人の人ときちんと向き合うんです。そして、ポティファルという人物の中にある誠実さ、寛大なところ、正しさを貫くところ、そういうところを見ている。見て、喜んでいる。神さまはこういう主人を自分に与えてくださったと喜んで、そしてポティファルを大切にする。ポティファルとその家族を愛する。ヨセフはきちんと周りの人たちを愛する。愛するがゆえにポティファルの家庭を破壊することはできない、愛する人びとを裏切ることはできない。家族や仲間ときちんと愛し合うこと、それは私たちを罪から守り、誘惑から守っていきます。

こうしてヨセフは二つの理由で罪に陥ることがありませんでした。神への愛と人への愛ですね。イエスさまはいつも、律法の中で一番大切な戒めは二つあるとおっしゃった。

『心を尽くし、いのちを尽くし、知性を尽くして、あなたの神、主を愛しなさい』これが、重要な第一の戒めです。『あなたの隣人を自分自身のように愛しなさい』という第二の戒めも、それと同じように重要です」（マタイ22・37〜39）

いのちを尽くして神さまを愛しなさい。あなたの心も、思いも、身体も、力も、時間も、いのちを尽くして神さまを愛する。もう一つは、隣人をあなた自身のように愛すること。イエスさまはこの二つの愛を教えてくださった。誘惑に陥らないために必要なのはこの二つの愛、神への愛と隣人への愛です。

誘惑に陥らないためにと語ってまいりました。けれども、誘惑に遭ったときだけ付け焼刃で抵抗しても守られることはできません。そうじゃなくて、毎日きちんと愛するという生き方の積み重ね、神と人とを愛する生き方の積み重ねが私たちを誘惑から守ってくれます。主が共にいてくださって、私たちにますます近づいてくださって、私たちの中にそういう愛を創り出してくださる。そのことを覚えていただきたいと思います。

絶望しないために

聖書　創世記50章15～26節
15ヨセフの兄弟たちは、自分たちの父が死んだのを見たと
き、「ヨセフはわれわれを恨んで、われわれが彼に犯した
すべての悪に対して、仕返しをするかもしれない」と言った。
16そこで、彼らはヨセフに
言い送った。「あなたの父は死ぬ前に命じられました。
17『ヨセフにこう言いなさい。おま
えの兄弟たちは、実に、おまえに悪いことをしたが、兄弟たちの背きと罪を赦してやりな
さい、と。』今、どうか、父の神のしもべたちの背きを赦してください。」ヨセフは彼らの
このことばを聞いて泣いた。
18彼の兄弟たちも来て、彼の前にひれ伏して言った。「ご覧
ください。私たちはあなたの奴隷です。」
19ヨセフは言った。「恐れることはありません。ど
うして、私が神の代わりになることができるでしょうか。
20あなたがたは私に悪を謀りま

したが、神はそれを、良いことのための計らいとしてくださいました。それは今日のよう
に、多くの人が生かされるためだったのです。[21] ですから、もう恐れることはありません。
私は、あなたがたも、あなたがたの子どもたちも養いましょう。」このように、ヨセフは彼
らを安心させ、優しく語りかけた。[22] ヨセフとその一族はエジプトに住み、ヨセフは百十
歳まで生きた。[23] ヨセフはエフライムの子孫を三代まで見た。マナセの子マキルの子ども
たちも生まれて、ヨセフの膝に抱かれた。[24] ヨセフは兄弟たちに言った。「私は間もなく死
にます。しかし、神は必ずあなたがたを顧みて、あなたがたをこの地から、アブラハム、イ
サク、ヤコブに誓われた地へ上らせてくださいます。」[25] ヨセフはイスラエルの子らに誓わ
せて、「神は必ずあなたがたを顧みてくださいます。そのとき、あなたがたは私の遺骸をこ
こから携え上ってください」と言った。[26] ヨセフは百十歳で死んだ。彼らはヨセフをエジ
プトでミイラにし、棺に納めた。

今朝は創世記50章、ヨセフの物語の最後のところが開かれています。先週見ましたように、ヨセフは17歳で奴隷に売られ、そこで正しく生きようとしたために監獄にまで入れられるわけです。しかしそこでも神さまはヨセフとともにいてくださって、彼がすること全てを成功

させてくださいました。長い話を短くすれば、その後ヨセフはファラオの側近の夢を解き明かすことをきっかけに、ファラオが見た夢をも解き明かし、30歳でエジプトの総理大臣になりました。驚くべきことが起こりました。考えてみれば、ヨセフがポティファルの妻に無実の罪で訴えられて監獄に入れられていなければこういうことにはならなかったでしょう。神さまは本当に不思議なことをなさいます。神さまの知恵と不思議には限りがない。ピンチになればなるほど、人間の目に絶望的に思えるときほど、そこから善いことを生み出される。そういうお方であることを思います。けれども「神さまを信じていたら、一番低い奴隷にされても総理大臣になれるのですね、すばらしいですね」というただそれだけではない。神さまが目指しておられたゴールはもっと大きなものでした。

ヨセフは七年間の飢饉からエジプトを救います。この飢饉は全世界に及んだとあります。ヨセフの両親や兄弟たちが住むカナンにも影響が出てきました。「エジプトに行けば穀物を売ってもらえる」と聞いた兄たちがエジプトにやって来るわけです。そして、ついにはお父さんのヤコブもエジプトに移り住むことになり、一族は救われる。その時移住したのは66人とその妻たち、合わせて70数名でした。でも400年後の出エジプトになると100万を超える人数に増えていた。そして「自分たちは他の民とは違うイスラエルという特別な民族なんだ、神の民なんだ」ということを理解し、エジプトから出ていくことになります。そのように、エジプトは彼らを豊かに養うゆりかごのような役割を果たしたわけです。神さまがそのようにされた。そして、このイスラエルという民族は、いろいろな紆余曲折を経ながらも自分たちの使命を果たしていくことになるわけです。

神さまがヨセフにしてくださったこと、それは不幸だったヨセフを幸せにするというただそれだけではありませんでした。そのことを通して世界を祝福する、これが神さまのなさったことでした。私たちは自分の人生に毎日起こってくる出来事を取るに足らないものだと思うことが多いのではないでしょうか。別に何か大きなことしたわけではない、今日もご飯をつくって食べて、世話を必要としている人の世話をして、洗濯をして働いて。何の変哲もないように思えるかもしれない。けれどもイエスさまはおっしゃいました。

「最も小さなことに忠実な人は、大きなことにも忠実であり、最も小さなことに不忠実な人は、大きなことにも不忠実です」（ルカ16・10）

私たちには大きなことと小さなことがどういうふうに結びつくのかは分からない。けれども置かれた場所で私たちが忠実に愛するなら、神さまはそういう私たちとともに働いて、私たちには想像できないような大きな祝福を成し遂げることができるお方です。どんなに絶望的に思えたとしても、神さまにはお考えがあるということです。英語には another《アナザー》 idea《アイデア》「もう一つのアイディア」という言い方があります。私たちは考えて考え抜いてここまでやってきた、でも神さまには another idea、他のアイディアがある。それは私たちがどんなに考えて「これ以上望ましいことはない」と思っても、それよりはるかにすばらしいアイディアです。神さまはそのアイディアを実現してくださる、それも私たちの日頃の一つ一つの小さなことを通して実現してくださる。まずはこのことを覚えていただきたいと思うのです。45章8節でヨセフは兄たちにこう語っています。

「ですから、私をここに遣わしたのは、あなたがたではなく、神なのです」（45・8）

これは神さまが兄たちに罪を犯させた、神さまが兄たちに命じてヨセフを殺そうとしたり奴隷に売ったりしたのだ、と言うのでは決してないですね。そうじゃなくて、神さまは兄たちの罪から悲惨な結果が生じるのを防いでくださり、むしろそこから世界の祝福という大きな御業を紡ぎ出してくださったのだ、これは神さまの御手のうちにあったのだ、ということを言ってるわけです。ですから50章20節。

「あなたがたは私に悪を諮りましたが、神はそれを、良いことのための計らいとしてくださいました。それは今日のように、多くの人が生かされるためだったのです」(50・20)

あなたがたのしたことは悪だ、善くないことだ、けれども神さまがそこから善いことを紡ぎ出されたんだ、ということです。神さまはあわれみのゆえに人の悪、その犯す罪をそのままに放っておくことは出来ない。愛し合えず傷つけあう私たちをそのままで放っておくことができなくて、そこから何とかして愛を生み出し、私たちを造り変えていかれる。そういう神さまのあわれみがどこにでも注がれているということです。苦難の中でも絶望しないために私たちが知っておくべき第一のこと、それは神さまのあわれみです。神さまはすべてを見ておられる、しかしただ見ておられるだけではない、放っておくことがおできにならない、そういうお方なのです。

ヨセフの物語を読むとき不思議なことがあります。ヨセフは総理大臣になったわけですよね。そこでヨセフが望むならば、カナンにいる父ヤコブに使いを送ったり、あるいは自分自身で動いたりして「お父さん、私は無事に生きています」と伝えることが出来たはずです。けれどもそうしなかったのはなぜだろう。また、お兄さんたちが一度目に穀物を買いに来た時には、自分は兄弟じゃないっていう顔をしてシメオンを人質に取った。「今度はベニヤミンを連れて来い」と言って、ベニヤミンが来た時には彼の袋の中に大事な銀の盃を隠させて「こいつが盗んだ」と窃盗犯に仕立てようとしました。そんな手の込んだことをしたのはなぜだろう。それは決して兄たちを苦しめる復讐のためではなく、愛のためでした。

兄たちが最初に来た時、ヨセフがどう言ったか。

「ヨセフには兄弟たちだと分かったが、彼らにはヨセフだとは分からなかった。かつて彼らについて見た夢を思い出して、ヨセフは言った。『おまえたちは回し者だ。この国の隙をうかがいに来たのだろう』」（42・8―9）

非常に強硬な言い方で「スパイだろう」と言ったのです。決めつけています。このときヨセフが思い出していたのは、彼らの麦束がヨセフの麦束にお辞儀をし、太陽と月と11の星がヨセフにお辞儀をする、というあの二つの夢でしょう。兄弟たちと父と母とがヨセフを拝むという、それを思い出した。でも「自分の方が偉いんだ、今こそ復讐が出来る」と思って兄たちにスパイの容疑をかけたというわけではありません。あのころの17歳のヨセフは簡単にパッとそれを口に出して「あなたがたが私にお辞儀する夢を見ましたよ」と言いました。それを聞かされた兄たち、しかもいろいろな問題を抱えた兄たちがどう思うだろうかということに思いを巡らせることが、当時のヨセフには出来なかったのです。けれども、こうして20年が経って彼はその夢を思い出すわけです。

この20年間、ヨセフは神さまと共に歩む中で人の心の動きについて、人の罪について、そして人を悔い改めに導くということについて多くのことを学びました。もう彼は20年前のあの時のような、考えの足りない若者ではないのです。「拝まれる者、上に立つものには責任がある。上の立場に立たされた者は、下の立場にいる者に仕えるために選ばれている」ということを理解しています。ですからこの時のヨセフの願いは、兄たちに復讐することでは決してありません。そうでなくて兄たちを悔い改めに導き、本当の和解をし、彼らが神さまを深く知り神さまのみ心に生きる人たちになっていくことでした。ヨセフ自身神さまのあわれみを深く知り、あわれみ深い者へと変えられていく、それがヨセフのエジプトでの20年でした。20年の間に神さまがヨセフにしてくださったことは、ヨセフを愛の人に変えていくことでした。そして今、ヨセフは兄たちもまた変えられていくことを願っているのです。神のかたちに変えられていく。ヨセフも一族も変えられていく。神と人を愛し、罪を悲しんで悔い改め、み心を行う民族を通して世界の祝福の基になるという神さまの大きな使命が成し遂げられる。ヨセフにはその道筋が見えておりました。だから彼は、愛のゆえに兄たちに迫っていく。神さまのあわれみに倣ったと言うこともできると思います。苦難の中にあって絶望しないために私たちが知るべき第二のこと、それは神さまのあわれみに倣うということです。

昨日は皆さまに祈っていただいて、送り出されて、出雲で開かれた日本ナザレン教団山陰教区の聖会で午前と午後の二回の集会のご奉仕をさせていただきました。四つの教会から人々が集まってこられました。今回、事前に聖会委員の先生たちから「この聖会のためにどういう備えをすれば良いでしょうか」と、とても熱心なお申し出がありました。どうしたら良いかなと考えて「では皆さんの証し、救いやその後の歩み、きよめのお証しを書いて事前に見せていただけませんか」とお願いしたんです。証しを書くことによってそれぞれが神さまに近付いて、自分が今どういう恵みのうちにあるのか、自分が今本当に神さまに何をしていただきたいのかをはっきりさせておくのが良いんじゃないかと思ったんです。10数名の方から証しを送ってもらったんですけど、書いていただいて良かったなあと思いました。匿名で書いていただいたので本当に率直に書いてくださったと思うんですけれども、大多数の人々が「本当はきよめということが良く分からない、きよめって何か分からない、だから自分がきよめられているかどうかも実は良く分かっていない」と書いておられました。ある人は「自分は日々罪を犯す、だからとてもきよめられている気がしない」と書いておられました。他の人は「自分には聖霊に満たされたというはっきりとした体験がない、だからきよめられていないんじゃないかと思う」という嘆きが書かれていました。中には、本当に気の毒だと思ったんですけれども「自分はきよめがわからないし、きよめられていない、だから自分が責められるような思いでおります、申し訳ないような思いです」という方もおりました。きよめが何だか分からない。どういうふうに求めるのかも分からない。それで自分を責めている。真面目な方ほどそのように悩むんだと思いました。

　そこで午前の集会ではきよめとは何か、そしてよくある誤解について、きよめが何ではないのかについて語らせていただきました。皆さんにはいつもお話していることです。きよめとは何か。それは罪があったならば悔い改めて、神さまとの関係をくもりのないものにしていただく。自分自身を献げて神さまを精一杯愛する。そういう意味では「きよめ」とか「全き人」、「キリスト者の完全」というのは意思の完全、関係の完全であり、神さまに自分を精一杯献げるということです。今の私に出来る精一杯。小さなコップでもいっぱいに水が入っていたらそれが精一杯です。明日になってもっとコップが大きくなったらもっと水が入るのかもしれません。でも今の私の精一杯を献げて神と人とを愛する、それがきよめなんです。だから「自分は本当にきよめられていないんじゃないか」とか「献げられるものがあるならもっと献げたい」と思っている方は、神さまが喜ばれるきよさの中にあるのではないでしょうか。

注意しないといけないのは、きよめでないことをきよめだと思い込むことです。よくある誤解は、きよめとは罪がない、罪を犯すことがない、全く罪を犯す可能性がないことだと考えること。そういう「完全」をきよめだと思ったら、自分はきよくないと一生ずっと思い続けなければならない。もともと罪というのは、言葉と行いと、また思いにおいて愛を貫くことができないということ。だとしたら、やっぱり私たちは日々罪を犯しているんです。でもその中で悔い改め、自分をお献げして、もう一度神さまとの完全、関係の完全を回復していただくならば、「我らの罪を赦し給え」と赦していただきながら生きていくならば、これは私たちが今ここで可能な完全だと言ってよいのです。また、何か特定の人の体験を聞いて「自分はそうじゃないからダメだ」と思わないこと。体験はさまざまでしょう。人によって本当にさまざまです。びっくりするような経験をする人もいれば、いつも何となく、でも精一杯神さまを愛しているという人も沢山おられる。自分の体験を人に押し付けて「私のようじゃなきゃダメだよ」と人間が言うことはできません。神さまが私たちのうちに静かに、でも着実に加えてくださっている愛、それを喜んだらよいのです。

午後の集会では、ではどうやってそこに進んで行くかについてお話させていただきました。それは、どの聖書箇所も強調しているように自分の意思を献げることによってです。だけどそれだけじゃない。自分の中に罪があるなと思った時に、もっと意思を献げるように自分自身を追い込むことは正しいことじゃありません。例えば誰かが言った言葉に対して私たちはときに非常な反発を感じたり、敵意を感じたりする。それは意思とは関係なく私の中に起こることですから、それは癒されるべき部分です。今の精一杯できよめの中を生きていても、癒しによってさらにコップが大きくされる必要があります。そのためにはみ言葉の温泉と教会、つまり仲間の中でのリハビリが必要だと語りました。

10数人のお証しの中にこういうものがありました。その方はお姑さんで、お嫁さんもクリスチャン。お嫁さんと息子さんは違う家に住んでいます。ところがある時、その方はお嫁さんから忠告されたそうです。それも随分強く忠告された。その時に非常に悲しい思いをしたって言うんですね。その方は自分の本心をなかなか人には言わない、そういう生き方をしてきた。だからこのことも、まあ自分の胸のうちに納めておこうかなと思った。でもふと、それで良いのかなと思ったというんです。お嫁さんが怖いと思っちゃった。お嫁さんは怖いからと、あまり関わらないようにこのまま生きていって本当に良いのかなと思った。それで手紙を書いたそうです。手紙を書くうちにだんだん思い出してきたことがあった。それは自分が12歳の時にお母さんを亡くし、長女だったので他の兄弟の面倒をみてやってきた、そういう中で自分が本心を言わない人間になってきたということ。兄弟たちがみんな「お姉ちゃん、ああしてくれ、こうしてくれ」って言ってくる、だから「自分も寂しい」とか「これが欲しい」とか言わなかった。自分はそういう育ち方をしてきた。だから他の人が強く出たりすると、本当に分かり合うのは無理だと諦めて、怖がって引っ込んでしまう。

思い切って書いた手紙を渡したら、お嫁さんは「え、そんなことありましたっけ？」というう。その方はびっくりしたそうです。自分の方では、「こんなこと言うなんて相手はどんなに怒ってるだろう」と思っていたら、相手のほうでは気にもしていなかったという。これってよくあるんです。でも話はそこで終わりじゃなくて、そこから始まっていくんです。その時に初めて「実は、私はなかなか本心を言うことがなかなかできないんだ」ということがお嫁さんにも伝わっていくわけです。お嫁さんの方では「子どもの頃から兄弟の面倒を見てしっかり者だから、このお義母さんには何を言っても大丈夫だ」と思っていた。でも、その時初めてお義母さんの中にあるいろんな重いものを知ることができた。そしていろいろなことを話し合える本当の信仰者の仲間になることができた。そういうお証しでした。

私は聖会の中で、こういう証しを書いてくれた人がいた、とお話しました。そして私たちが意思を献げる、というのはこういうことだとお話しました。私たちは「どんなことでも、イエスさまがおっしゃるんだったら従います」と言います。でもその従うことの中には、周りの人に心を開いて自分の弱さを打ち明ける、そういうことも含まれている。あなたが癒されて楽になり喜びを知る、それも従うことの中に入っていると申し上げました。そして、一つだけこのお証しに変えた方が良いと思う部分があるって言ったんです。このお証しの題名が「罪の証」となっていたんですが「癒しの証」と変えた方が良いんじゃないでしょうか、そういうふうに言いました。聖会の後に一人の婦人が近づいて来て「実は、あの証しを書いたの私なんです」とおっしゃいました。そして本当にあれから変わった、息子夫婦との関係が変わったとおっしゃいました。誰が喜んでいるって息子さんが本当に喜んでいるそうです。あれは罪の証じゃなくて癒しの証だって聞いて、本当だなあと思った、癒されて、またコップが大きくなって愛が加えられていく、それがとてもよく分かりましたと言って喜んでおられました。きよめとは、全力で走っている馬にさらに鞭を当てるようにもっと献げろと追い詰めるようなものじゃない。神さまが私たちをあわれんでくださって、もっと豊かな恵みの中に成長させようとしてくださっていることを思います。み言葉の温泉に、一回や二回じゃなくてじっくりたっぷり浸かる。湯治って体の芯から癒されていきますよね。み言葉はそういうふうに私たちを癒す、心の湯治です。そしてリハビリ。お互い愛し合う、赦し合うと言っても、とてもぎこちない、けれどもそれを実際にやってリハビリを重ねていく。その中で、神さまと人とを愛する生き方が実現していくことを思います。神さまは私たちのうちに、忍耐強く神のかたちを回復させてくださる。イエスさまの十字架と復活によって、そうしてくださるのです。

ヨセフの生き方を見る時に、神と人への愛を生きる生き方は鮮やかだなと思います。彼は「どうして自分がエジプトの監獄にいなきゃいけないのか」と思ったかもしれない。「兄さんたちが悪いんだ」と思ったかもしれない。だけど20年かけて、神さまはヨセフをじっくり癒してくださいました、ヨセフとのじっくりとした人格的な交わりによって。ヨセフは「監獄から出してください」と何度祈ったことでしょう。すぐには聞かれなかった、だけどそのやりとりの中で神は、ヨセフを愛しており想像もつかないような大きな恵みを与えることを度々語り、知らせてくださいました。またヨセフには家族が与えられ、仲間を与えられていく。エジプトの支配者ファラオは絶対君主ですけれども、ヨセフに対する扱いというのは友に対するそれのようです。ヨセフを愛し、ヨセフの家族を大切にしている。ヤコブの葬儀の時、ファラオはこう言っています。

「ファラオは言った。『おまえの父がおまえに誓わせたとおり、上って行って、おまえの父を葬りなさい。』それで、ヨセフは父を葬るために上って行った。彼とともに、ファラオのすべての家臣たち、ファラオの家の長老たち、エジプトの国のすべての長老たち、ヨセフの家族全員、彼と兄弟たちとその一族が上って行った」（50・6～8）

これはエジプト人にとって、異邦人ヨセフの家族に対するはなはだ異例な扱いであろうと思います。エジプトの位のある人がみんなで、エジプト人には未開で野蛮と見なされていたカナンにまでついて行った。精一杯に神と人とを愛するヨセフは家族や友を得ていく。そして良い影響を与えている。異教の君主ファラオでさえ、ヨセフとの愛の交わりを楽しんでいる様子がうかがえると思います。絶望の中でも、ヨセフは神と人とを愛することを学んでまいります。成長していきます。絶望といって私たちが必ず思い出すのは「わが神、わが神。どうしてわたしをお見捨てになったのですか」というイエスさまの叫びです。これこそが絶望の叫びです。イエスさまだけが本当の絶望を経験しました。私たちの絶望は、絶望に見えても本当の絶望ではありません。何故なら、私たちは神さまの憐みのまなざしの中に置かれているからです。神さまはこちらを見てくださっているからです。でもイエスさまから、神さまは顔を背けられた。「どうしてお見捨てになったんですか」という叫びにお応えになることはなかった。イエスさまは断絶を経験してくださった。イエスさまがそういう絶望を経験してくださったから、私たちは本当の絶望、神なき絶望というものを経験することはありません。私たちが神さまから切り離されるという絶望を経験することは決してありません。それどころか私たちは神さまを「アバ、父」と呼ぶことが許されている、神の子とされている、神の子として父と人を愛する生き方がもう始まっている。私たちはまだ未完成だけれども、それでも今の未完成な私のままで精一杯の完全をもって愛したいと望んでいる。そして神さまはそうさせてくださっている。新約聖書のローマ書8章を開きましょう。『新改訳2017』ですが欄外の異本で読みます。

「神を愛する人たち、すなわち、神のご計画に従って召された人たちのためには、神がすべてのことを働かせて益としてくださることを、私たちは知っています。」（ローマ8・28）

それはどういう人たちなのか。これは、神の子どもとして「アバ、父」と叫ぶことができるようにされた私たち。

「この御霊によって、私たちは『アバ、父』と叫びます。」（ローマ8・15）

「神がすべてのことを働かせて益としてくださることを、私たちは知っています。」その「最大の益」はもう始まっている。それは、イエスさまの絶望から福音が生み出されたことです。そんな私たちに、神さまは何を惜しまれるだろうか。すべてのことを働かせて、組み合わせて、another idea、私たちとは違うお考えを持って、神さまは本当に豊かな祝福を成そうとしてくださっています。そのことを見上げたいと思います。

神さまの祝福は私たちの地上の生涯だけで終わらない。ヨセフは110歳で死んだ時、「やがて出エジプトの時が来る、その時に私の遺体を携え上るように」と命じました。ヨセフの生涯は、地上の生涯が終わったから終わりではないんです。神さまの祝福はそれで終わりではありません。その後も神さまの祝福は、全人類に対して、全世界に対して、壮大な規模で進んでいきます。出エジプトから始まる神の民、その旅はどこまでも続いていきます。そこからイエスさまがお生まれになり、死んで復活し、ご再臨でもう一度来てくださる。その時こそ全世界の全ての傷や痛みの回復がなされる。そのために、神がすべてのことを働かせて益としてくださる。今は、台風や地震、また愛する者たちの死を嘆き悲しむ私たちだけれども「神がすべてのことを働かせて益としてくださる」その「すべてのこと」のうちに私たちも加えられている。毎日の生活の中できちんと愛すること、このことが実は世界の回復という大きな働きにつながっているということを覚えたいと思います。

解説

上沼昌雄

大頭眞一牧師から『焚き火を囲んで聴く神の物語・説教篇』の第二巻、創世記の下巻に当たる『天からのはしご』の「解説」を求められました。説教集ですので、読者が読んで理解し、納得してくれればそれで十分ではないかという思いがあって、正直引き受けてよいものか迷いました。また大頭牧師との関わりも地理的なこともあって限りがあり、直接説教を聴く機会もなく、説教されるときの雰囲気のようなものも分からないので、迷うだけでなく、お門違いではないかと思い、断りの返事を書こうとしたのですが、それでもともかく原稿を読んでみようと思って送っていただきました。

そして11の説教集を、初めに三つ、残りを二つずつそれなりに味わいながら読んでみました。読みながら説教は聴いたことがないのですが、今までの交わりで受けてきた印象や、思いがけないことを発する語り口や、その時の茶目っ気のある表情を思い浮かべながら読むことができました。同時に不思議な導きで互いに知りあうことになったのですが、どこかで親近感を覚え、多面的な交流をいただくことになったその理由というか、契機のようなものを思い浮かべることになりました。その理由のようなものがこの説教集に隠されているように思ったのです。

大頭牧師に最初にお会いしたのは、例のN・T・ライトの拙訳『クリスチャンであるとは』が２０１５年にあめんどうから出版され、その解説を兼ねた講演会を川向肇氏が大阪で計画してくださった折りでした。私の今までの神学的理解とは多少異なる点があるのではないかというような質問をしてくださいました。ご自分を「神学ジャーナリスト」と紹介してくださったようにも思います。ということは今までの神学的流れをそれなりに抑えておられて、N・T・ライトが提示する創造と新創造の一大パノラマとして聖書を捉える視点と、いわゆる福音派の聖書信仰とは異なるのではないかと言う意味での質問であったように思います。

その時にどのように返答したのかは覚えていないのですが、結構大柄な人で、何か惹かれるものがあって、質問の内容はともかくというか、実際には微妙な質問なのですが、嫌みを覚えることもなく、すなわち、こちらを批判や非難をしているのではなく、親近感を持って質問してくださったように思いました。そして多分講演会の後の茶会で、私たちが同じ大学の出身であることがわかり、何かそれで一気に親しくなったのでした。

ともかくその時返答したことに納得してくださったようで、その後、川向氏とともに参加されている大阪枚方市のマラナ・タ教会での月一度の凸凹神学会に誘ってくださり、続いてN・T・ライトについて話す機会をいただきました。この会はそこの牧師であった久下倫生先生がまとめ役をされていました。何度か話す機会をいただいているのですが、大頭牧師の発題を聴く機会は実は一度もいただいていないのです。出版されたものに目を通す機会をいただいているだけです。そのような関わりで、2017年に『焚き火を囲んで聴く神の物語・対話篇――大頭眞一と焚き火を囲む仲間たち』が出されたおりに、大頭編神の物語の一部への返答として、何でも良いから書いてくださいというので、自分がどのようにN・T・ライトに惹かれていったのかを書かせていただきました。字数設定を間違えて二倍以上にわたって書いてしまったのですが、そのまま載せてくれました。

その文章で、私なりに迷いながらもN・T・ライトを通して、聖書全体のパノラマ的理解に立ち返ることに至った経緯を述べてみました。N・T・ライトの前に、ユダヤ人哲学者のレヴィナスを通して他者を視点とする人間理解がすでにモーセの律法に明らかにされていることに気づいたことが、大きな転換になったからです。N・T・ライトは伝統的な信仰義認論は結局は me and my salvation しか考えない自己中心的な人間理解に陥っているとはっきりと指摘していることに納得できたのです。「大頭眞一と焚き火を囲む仲間たち」なのですが、私にはこちらの言いたいことを受け止めてくる懐の深さに抱きしめられている感がします。焚き火を囲みながら上手に引き出されているとも言えます。

そして続きもあるのです。それはN・T・ライトが神の業の展開に視点を当てているのですが、さらにその具体的な聖書の箇所の理解として、ローマ書3章22節の伝統的に「イエス・キリストを信じる信仰」と対格として訳されている「イエス・キリストのピスティス」を、「イエス・キリストの真実」と訳していることです。これは新しい邦訳聖書でも取り上げられています。すなわち、イエス・キリストを信じる私たちの信仰ではなく、イエス・キリストを主語にした主格の「の」とN・T・ライトは理解しているのです。

そして、先の拙訳『クリスチャンであるとは』が出版される前年の2014年に、北大のクラーク聖書研究会の50周年の記念会に、設立に関わっていたこともあって、講師として、N・T・ライトの理解を紹介いたしました。それを聴いていてくださった、当時のクラーク聖書研究会の顧問であった北大哲学科の教授の千葉惠先生に、講演の後に挨拶に伺ったときに、そのローマ書の箇所はご自分の現在の研究課題だと言われました。しかもその「の」は主格でも対格でもなく、帰属の属格であると言われ、N・T・ライトの理解自体がようやく聖書学者の中で受け入れられてきているのに、この千葉先生は何を言われているのかと思い、それ以来六年近く提唱されている「信の哲学」にかみついている状態です。

その千葉先生が、凸凹神学会で2回「信の哲学」について語ってくださいました。そのポイントを大頭牧師は「神学ジャーナリスト」として見逃さないで、それは第二の宗教改革をもたらすものと捉えてくれました。そのポイントを私と同様に何とか多くの人に伝えたいと願って、一度一緒に北大の千葉先生の研究室に訪ねた時がありました。それに応えて千葉先生も「第二の宗教改革」のための提題をまとめてくださっています。私も1400頁にわたる学術書でもある『信の哲学――使徒パウロはどこまで共約可能か』（北海道大学出版会、2018年）を多くの牧師に理解していただければと願って「入門的試み」という文章をまとめています。

なんだかんだと言っても「大頭眞一と焚き火を囲む仲間たち」に加えられているのですが、迷惑に思ったことはなく、逆にそうすることで思いがけない世界が開かれ、計り知れない神の御手の中に導かれている思いがするのです。そして実は、このようなことを今回の説教集を読みながら思わされたというか、思い出させられたのです。大頭牧師の説教にはそういう力が備わっているのだろうと逆に思わされるのです。そしてそれは何だろうかという問いが続くのです。

その問いを解く手がかりになるキーワードは「物語・ストーリー」なのだと思います。端的に大頭牧師が出されている本にはそれぞれ「物語」がタイトルについています。翻訳であるマイケル・ロダール著『神の物語』（2011年）、そして大頭眞一著である『聖書は物語る』（2013年）、『聖書はさらに物語る』（2015年）、『焚き火を囲んで聴く神の物語・対話篇――大頭眞一と焚き火を囲む仲間たち』（2017年）、そして『焚き火を囲んで聴く神の物語・説教篇――アブラハムと神さまと星空と・創世記（上）』（2020年）と続いています。

正直私は全部を読んでいるわけでなく、また地理的なこともあって全部を手元に持っているわけでもなく、ただ「対話篇」には返答を書きましたので、そこでの大頭牧師の語りかけと、今回の『焚き火を囲んで聴く神の物語・説教篇』の後半の創世記（下）に当たる『天からのはしご』はそれなりにしっかりと目を通しています。そして大頭牧師の唱える「神の物語」の捉え方に納得できる面が多々あります。それで、最初の出会い以来、なんだかんだと交流をいただいているのです。
その最初の出会いの切っ掛けになったN・T・ライトの『クリスチャンであるとは』で、その神の物語を「愛の物語（ラブストーリー）」とも言っています。「聖書の権威とは、そこに加わるように招かれている愛の物語という権威である。」（262頁）大頭牧師とともにそこに招かれていることを確認したことになります。また次のN・T・ライトの文章にも互いに納得できるのです。「その物語とは、創造主である神が、ご自身で創造したものを、その反抗、破壊、死から救出する物語である。神はそのことを、メシアであるイエスの死とよみがえりによって達成した。それはイスラエルとの約束の成就、物語の成就である。……パウロはそのことを、手紙を通して何度も繰り返しといている。私たちも前に進むために備えていなければならない。」（263―264頁）
聖書を神からの教えや戒め、慰めや励ましをいただくための手立てとしてだけ読む傾向は強いです。間違いではないのですが、神の物語に入ることができません。自分の不信仰を嘆くことで終わってしまいます。ヨナ書でその傾向を感じました。すなわち、ヨナの不信仰を正すことがヨナ書の目的であると言うのです。それはルターもそのようにとっていますので、福音派の聖書信仰のあり方にもなっているのですが、聖書における神の意図を全体として理解することには必ずしもなっていません。大頭牧師がロダール著『神の物語』を翻訳出版された頃に、このヨナの不信仰を正すことがヨナ書の目的という理解に納得できなくて、私なりのヨナと物語と対話することになり、原稿をまとめました。それから八年ほど経って2019年に『怒って神に――ヨナの怒りに触れて』（ヨベル新書）を、N・T・ライトの言われるように、私たちも前進するために出版することができました。

聖書の物語との対話、説教者として会衆をその物語に導いていく、そんな語りかけをしてきたカルバリー・チャペルの創始者の故チャック・スミス牧師の民数記の説教を今でもはっきりと覚えています。すなわち、第一回目の人口調査と二回目の人口調査のそれぞれの部族の人数を、どれだけ減り、どれだけになっているかを嬉しそうに数え上げているのです。本当に嬉しそうに数え上げているだけなのです。そして全体としてわずかに減っているだけで、過酷な40年の旅を経てもこれしか減っていないというのが祝福であると、メッセージを締めくくったのでした。それはしかし、端的に神の物語に導き入れられた体験でした。忘れられないメッセージとなりました。

実は今回、大頭牧師の創世記の後半の説教を読みながら、このことも思い出したのでした。大頭牧師なりにしっかりと会衆を神の物語に導き入れていることを知ったからです。今回の説教集は創世記の16章から最後の50章までとなっています。アブラハムとハガルのことから、ヨセフの物語までです。大頭牧師が実際に説教されたのは2018年6月24日から9月9日までのことです。創世記15章で祝福の約束の上にさらにその信仰のゆえに義とされたと記されていることから、その後の困難や試練の中で、約束の祝福がどのように実現されていくのか、まさにその物語の中に引き込まれながら、アブラハムと共にその歩みを共有することを可能にしてくれます。

パウロによってもローマ書4章16節で、「アブラハムの信仰に倣う」とまで言われ、「私たちすべての者の父」とまで言われているのですが、創世記の16章以下はその約束と、現実にアブラハムがひとりの人として悩み、罪を犯し、苦しんでいく中で、なお神の祝福の約束が成就していく歩みに、大頭牧師は私たちを優しく導いてくれます。断定するのでもなく、妥協するのでもなく、アブラハムの苦悩に寄り添いながら、大頭牧師の苦悩を伺うことができ、結局その物語に導き入れられるのです。

そのクライマックスに当たる22章でのイサクを献げる箇所の取り扱いには、そこでの記述はむしろ淡々としているのですが、アブラハムと大頭牧師の苦悩が共鳴しながら、私たちを導いてくれます。大頭牧師の実際の説教の姿と声を勝手に想像しながら以下の文章を読むことができます。

「ここで、神さまが平気でお命じになったというふうに考えてはならないと思います。神さまはアブラハムとイサクを愛しておられました。アブラハムのイサクに対する愛をよくご存知でした。イサクを捧げなさいと言われた時、アブラハムがどれほど苦しむかもご存知でした。そしてアブラハムが苦しむ以上に、神さまご自身が苦しまれ、腸がねじれるほどに傷んで、傷み尽くされたその後に、この命令は発せられたに違いないと思うのです。私たち夫婦にもこのことは良くわかります。実は八月という月、この月がやって来るのを恐れているような、そのようなところがありました。一年経ってしまうというのが何とも怖いような、そのような思いがしていました。」

その一年前に一人娘であられたお嬢様の召天のニュースを伺ったときのことを思い出します。慰めの言葉もありませんでした。先生ご夫妻は立ち直れるだろうかと心配になりました。その悲しみは今もなくならないのですが、その悲しみをも覆うようにアブラハムへの祝福の約束がお二人を覆ってきていることを知ることができます。取りも直さず、大頭先生でなければ決して果たされない神の業の責任を負っていることが分かります。悲しみは決してなくならないのですが、大頭先生ご夫妻を通して私たちも与かることのできる祝福が悲しみをも覆ってくれると信じることができます。

神の物語は聖書に記されている通りで、それ以上でもそれ以下でもありません。あまりに淡々と記されていてどうしてなのかと思わされる場面が多々あります。それでもそれを語る牧者がその物語にどのように導かれて語っているのかは、聴衆は見逃しません。神の物語の中で説教者自身が生かされていることが分かり、会衆もその物語に導かれるのです。そして最終的に、その物語を導いている神の御手の中に自分たちも生かされていることに気づくのです。

今回このような貴重な『焚き火を囲んで聴く神の物語・説教篇』の二巻目の「解説」が私のところに回ってくるとは予想もしていませんでした。結果的に大頭牧師の心に触れることが許されました。取りも直さず、そのことで神のアブラハムへの取り扱いの御手が私にも届いていることを確認させていただきました。アブラハムへの祝福の約束に、大頭牧師とともに私も生かされていることを知るのです。そしてこの『焚き火を囲んで聴く神の物語・説教篇第二巻　創世記（下）天からのはしご』を通して、皆さまも同じ祝福の約束に生かされていくものと信じています。

（聖書と神学のミニストリー代表）

聖書学院聖書課修了。保育士・幼稚園教諭。星野源の大ファン。

ほか、匿名　一名

［チームK　校正担当　栗田義裕（くりた・よしひろ）
静岡県静岡市生まれ。18歳の時に仙台で信仰に導かれ、仙台バプテスト神学校卒業後に石巻で7年間、開拓伝道に従事。その後、仙台の八木山聖書バプテスト教会で30年間牧師として奉仕。65歳を機に退任し神学校教育、被災地での後継者育成の分野で奉仕。家族は妻と一男二女、孫が4人。趣味はサッカー観戦とカップラーメン。

［チームK　校正担当　前田　実（まえだ・みのる）］
最初の誕生日：1953年7月、三重県鳥羽市にて母の第三子出産記念日。二番目の誕生日：1993年12月、日本福音ルーテル知多教会にて明比輝代彦牧師より受洗。三番目：2016年8月、心室細動にて心停止後蘇生。1999年パソコン通信の仲間たちと超教派賛美CD『UNITY』をヨベル社から発行。2014年日本イエス・キリスト教団知多教会に転会。

［チームK　校正　山田風音夫妻］前掲。

［さし絵　早矢仕“じょ〜じ”宗伯（はやし・ひろたか）］
「New Creation Arts Movement イエスの風」フリーランス牧師画家。1965年生まれ。京都出身。18歳の時、イエスに出会い、その生き方に憧れ、イエスのFollower（クリスチャン）となる。1993年より日本福音自由教会の牧師として埼玉、東京の教会で働く。2017年、フリーランス牧師画家となり活動を開始。アート、生き様を通してイエスを表現し、神の国の訪れを宣べ伝えようと奮闘中。
● https://www.windofjesus.com
現在、キリスト教放送局FEBC「Session~ イエスのTuneに合わせて」番組担当。
● http://netradio.febcjp.com/category/music_talk/sess/

田中　殉（たなか・もとむ）
1980年、新潟県生まれ。国際基督教大学教養学部教育学科卒業。教科書の出版社勤務を経て、東京基督神学校に学び、2008年から久遠キリスト教会伝道師、2017年より同教会関西集会牧師。日頃気をつけているのは、「正反対の内容でもよくよく聞いてみると、同じことを言っている」ということ。幼稚園の父親仲間とおやじバンドを継続中。https://www.kuon-kansai.org

出口桐恵（でぐち・きりえ）
東京都目黒区生まれ。名前の「キリエ」は、出生時オーケストラでJ. S. バッハの「ミサ曲ロ短調」を演奏していたヴァイオリニストの父によって、ミサ曲冒頭の「キリエ・エレイソン」から命名された。獨協大学外国語学部フランス語学科卒。卒業後、商社企画室勤務。現在、フリーライター。3人の子どもがいる。

中山真美子（なかやま・まみこ）
兵庫県芦屋市生まれ。神戸女学院大学大学院修了。母方の祖父は浄土宗僧侶、祖母は京都の寺の娘というキリスト教とは無縁の環境で育ち、ミッションスクールに入学し初めて聖書に触れる。教会学校に通うものの、卒業と同時に聖書と讃美歌も納戸に仕舞ってしまう。ゼネコン勤務中、夫になるクリスチャンと出会い、再び教会へ。日本イエス・キリスト教団池田中央教会で受洗、婚約、結婚。同教団福岡教会で事務局スタッフに。現在は池田中央教会に通う。一人息子は東京基督教大学在学中。

山田風音＆みぎわ（やまだ・かずね）
愛知県生まれ、新潟市在住。九州大学芸術工学部卒業後、豪州短期宣教師を経て保育士・幼稚園教諭として働く。2018年、インタビュー自分史の執筆や出版を手掛ける「ライフストーラー企画」を立ち上げる。名古屋市のクリスチャンシェアハウス「グレイスハウス」元ディレクター（チャプレン）。会衆を困惑させる奏楽者でもある。life-storier.com grace-house.com みぎわ：新潟出身の父と秋田出身の母を持つ米どころハーフ。新潟

協力者の方々のプロフィール

解説：上沼昌雄（うえぬま・まさお）
聖書と神学のミニストリー代表。1945年、群馬県生まれ。カルフォルニア在住。年に数回来日し、講演活動を行う。北海道大学、聖書神学舎、シカゴ・ルーテル神学校卒業。神学博士。KGK主事、聖書神学舎教師、牧師を歴任。
著訳書に『怒って神に——ヨナの怒りに触れて』、『闇を住処とする私、やみを隠れ家とする神』、N・T・ライト『クリスチャンであるとは——N・T・ライトによるキリスト教入門』等がある。

説教集協力者

【チームO　文字起こし担当】
阿部俊紀（あべ・としき）
1966年仙台市生まれ。明治学院大学在学中に、横浜市にある戸塚めぐみキリスト教会で信仰を持ち、鈴木 真牧師に師事する。現在は仙台新生キリスト教会に通う。

荒木　泉（あらき・いずみ）
リージェントカレッジ、キリスト教学部卒業。カナダ在住。OMF宣教師を経て、現在ISMC宣教師（インターナショナルフィールド代表）。RJCカウンシルメンバー、CJM責任役員、Damah国際映画祭実行委員、ReMinDメンバーを兼任。アーティスト。アートと神学の研究者。

川端洋一（かわばた・よういち）
名古屋市出身。教会聖歌隊でゴスペルなどを歌うかたわら、アマチュアロックバンド「山川殿太郎バンド」のボーカル。父の従兄弟(川端純四郎)のバッハ研究著作に親しむうち、3年前の鳴門アカデミーの演奏会を聴き感動して入団。ヨハネ受難曲ペテロ役を熱望し、役柄同様に仲間を裏切りベースに転向する卑劣な耶蘇教徒。

あとがき

説教集の第二巻をお届けします。第一巻「アブラハムと神さまと星空と」が出てから、コロナ禍が世界を覆いました。社会はたがいに距離を取らざるを得なくなり、キリスト教会も、物理的に会堂に集まることが難しくなりました。その結果、ネットでのライブ礼拝などに取り組むことになり、大きな変化が急速に起こりました。おそらくコロナの後、社会も教会も完全にもとにもどることはないでしょう。

それでは福音はどうなのか。コロナやアフター・コロナの時代には福音はちっそくするしかないのか。もちろん、そんなことはありません。時代が暗ければ暗いほど、夜明けが遠ければ遠いほど、福音の鐘は鳴り渡ってやむことはありません。「主イエスは来られたのだ。贖いは成し遂げられたのだ」と。私のまわりでも関心をもつ人びととの「神の物語」Zoom 読書会など、新しい動きが始まっています。いつか大きな実を結ぶことでしょう。そんな中で4月14日未明、父・敏夫が召されました。88年間の生涯でした。52才で信仰を告白し、母とともに礼拝者として生きたその生涯のゆえに、主に感謝します。

この巻でも、横浜指路教会の藤掛順一牧師の説教を多く参考にさせていただきました。また、いつものようにボランティアの仲間たちが、文字起こし・三次にわたる校正に協力してくださいました。すぐれたことばの使い手である山田風音さんは、「校正してて思うのですが、大頭先輩が狙っているのは『信仰』という言葉の再定義では？　神学的なコンセプトではなくて、一般人の頭の中にぼんやーり漂っている「信仰」という言葉のイメージを何とか耕して柔らかくして、芽を出させようとする、そんな感じがします」という美しいことばをいただきました。身にあまる光栄です。前巻を読んでくださった三菱重工の仲間たちからも、暖かい励ましをいただきました。この場をお借りして心からお礼申し上げます。

頼りになるヨベルの安田正人社長ご夫妻にも感謝します。「アブラハムと神さまと星空と」の装丁がとても好評だった長尾優さんは、今回もすばらしい装丁をしてくださいました。カットは「じょ〜じ」こと早矢仕宗伯牧師にお願いしました。

この書を手にとるみなさまの心に福音の鐘が鳴り渡りますように。その鐘が、日本へ、世界へと共鳴していくようにとこころから祈ります。

2020年　主の変容主日

大頭眞一

天からのはしご

作詞 / 大頭眞一
作曲 / 落合弘倫

「天からのはしご」 https://youtu.be/eVOVAdYKt5s

大頭 眞一（おおず・しんいち）
1960年神戸市生まれ。北海道大学経済学部卒業後、三菱重工に勤務。英国マンチェスターのナザレン・セオロジカル・カレッジ（BA、MA）と関西聖書神学校で学ぶ。
日本イエス・キリスト教団香登教会伝道師・副牧師を経て、現在、京都府八幡市の明野キリスト教会牧師、関西聖書神学校講師。
主な著書：『聖書は物語る　一年12回で聖書を読む本』（2013、2020[7]）、『聖書はさらに物語る　一年12回で聖書を読む本』（2015、2019[4]）、共著：『焚き火を囲んで聴く神の物語・対話篇――大頭眞一と焚き火を囲む仲間たち』2017）、『焚き火を囲んで聴く神の物語・説教篇　旧約モーセ五書全8巻』：〈1〉―「」アブラハムと神さまと星空と」（2019、2020[2]）、〈2〉―「天からのはしご」（2020）、〈3〉―「栄光への脱出」（2021）、〈4〉―「聖なる神の聖なる民」（2021）、〈5〉―「何度でも何度でも何度でも 愛」（2021 以上ヨベル）、「焚き火を囲んで聴く神の物語」（『舟の右側』2016年1月～12月まで連載、地引網出版）
主な訳書：マイケル・ロダール『神の物語』（日本聖化協力会出版委員会、2011、2012[2]）、マイケル・ロダール『神の物語　上・下』（ヨベル新書、2017）

ヨベル新書 061

天からのはしご　創世記・下

焚き火を囲んで聴く神の物語・説教篇（2）

2020年8月25日初版発行
2022年1月25日2版発行

著　者 ―― 大頭眞一
発行者 ―― 安田正人
発行所 ―― 株式会社ヨベル　YOBEL, Inc.
〒113-0033 東京都文京区本郷 4-1-1-5F
TEL03-3818-4851　FAX03-3818-4858
e-mail：info@yobel. co. jp

印刷 ―― 中央精版印刷株式会社
装幀 ―― ロゴスデザイン：長尾 優
配給元―日本キリスト教書販売株式会社（日キ販）
〒162 - 0814　東京都新宿区新小川町 9 -1
振替 00130-3-60976　Tel 03-3260-5670
 ISBN978-4-909871-20-6 C0216